Passives Einkommen

Theoretische Grundlagen und Überblick
verschiedener Varianten

L. C. Nolte

Impressum
Nolte, L. C.,
Passives Einkommen.
Theoretische Grundlagen und Überblick
verschiedener Varianten.
1. Auflage, 2018.

Umschlag, Konzept, Design, Layout, Satz
L. C. Nolte

Grafiken
Wenn nicht anders angegeben: Verfasser

Lektorat
D. Grass, F. Lindemann, A. Longo, P. Nolte

Druck und Verlag
Books on Demand GmbH, Norderstedt

ISBN
978-3-73229811-2

Alle Angaben ohne Gewähr.
Vervielfältigungen jeglicher Art nur nach schriftlicher Zustimmung durch den Verfasser.

Vorwort

Es gibt sehr viel Literatur zum Thema „Passives Einkommen", warum also habe ich mich entschieden, ein weiteres Buch zu diesem Thema zu verfassen?

Die Antwort ist leicht: Die vorhandene Literatur erfüllt den ihr angedachten Zweck nicht, denn sie verfolgt einen ganz anderen; die reine Erzielung von Umsatz in Form von Versprechungen über leicht zu erreichenden Reichtum, wenn man nur gewissen leicht nachvollziehbaren Schritten folgt. Kurz gesagt, die Literatur verfolgt einen Selbstzweck, in dem sie eine Illusion vorgaukelt.

Das ist genau nicht das Ziel dieses Buches, stattdessen befasst es sich mit den Hintergründen, deren Wissen wichtig ist, um für sich selbst ein individuelles Konzept des passiven Einkommens zu erstellen und dieses auf die eigenen Möglichkeiten und Erwartungen anzupassen. Ich möchte nicht die Illusion verkaufen, dass man mit einem einfachen Trick innerhalb von sechs Wochen Multimillionär wird und nie wieder arbeiten muss, sondern möchte ein solides Fundament legen, auf dessen Basis mit einem anhaltenden Investment über einen längeren Zeitraum ein dauerhaftes passives Einkommen erzeugt werden kann.

Inhaltsverzeichnis

Vorwort 3
Inhaltsverzeichnis 4
Theoretische Grundlagen 6
Zeit ist Geld 7
    Outsourcing 10
    Abschlussübungen 12
Der Wert von Geld 13
    Lebenshaltungskosten 13
    Zeitwerte 14
Wo und wie kann ich investieren? 18
Risiko-Rendite-Verhältnis 20
    Abschlussübungen 22
Der Leverage-Effekt 23
Diversifikation 26
    Wie sieht das „richtige" Investment aus? .. 29
FX-Exposure 31
Hedging 34
Effiziente Märkte 37
„Never try to time the market" und der Cost-Average-Effekt 39
Ausschüttende und thesaurierende Investments . 42

Ausschüttende Investments.................................. 43

Thesaurierende Investments 44

Ein Beispiel 46

Übersicht einiger Investmentmöglichkeiten 49

Klassische Investments 49

Immobilien... 49

Aktien 55

Exchange-Traded-Funds (ETFs) 60

Zertifikate 64

Die Kosten von Informationen 68

Unternehmensbeteiligungen 71

Unternehmensgründung 76

Investmentmöglichkeiten in Zeiten des Internets . 80

Kryptowährungen.. 81

Webseiten 87

Apps 94

Youtube und Instagram 97

Bücher und eBooks 100

Motivation und Bedeutung passiven Einkommens. 102

Und dann? 108

Nachwort... 110

Theoretische Grundlagen

In diesem Kapitel werden sukzessiv Theorien und Konstrukte erläutert, die für ein realistisches Verständnis der durchschnittlichen Möglichkeiten von passivem Einkommen nötig sind. Die Reihenfolge ist dabei so gewählt, dass die einzelnen Unterpunkte teilweise aufeinander aufbauen und so in ihrer Gesamtheit ein ganzheitliches und nachvollziehbares Bild ergeben.

Ein Punkt, der extrem wichtig ist, aber kein eigenes Kapitel verdient, vorweg: Es gibt kein komplett passives Einkommen in dem Sinne, dass es einem zu fliegt und man absolut nichts dafür tun muss. Am Anfang jedes passiven Einkommens steht *immer* ein Investment, in welcher Form auch immer, es sei denn, man bekommt etwas geschenkt, erbt etwas oder Ähnliches. Ist man jedoch vollständig für sich selbst verantwortlich und kann sich nicht zum glücklichen Kreis der Personen zählen, denen Dinge in den Schoß gelegt werden, so muss man auch immer für seine Resultate arbeiten. Der Trick dabei ist, diese Arbeit sinnvoll zu planen, zu strukturieren und durchzuführen – und genau dafür benötigt man das entsprechende Hintergrundwissen.

Zeit ist Geld

Zeit ist Geld ist ein bekannter Spruch, den die meisten Personen schon einmal gehört haben werden. Es ist aber auch eine inhärente Wahrheit, wenn man sie so begreifen möchte, und das geht über die Idee vom eiligen oder direkten Erledigen von Aufgaben hinaus. Vielmehr geht es in diesem Kontext um Opportunitätskosten, also Kosten, die dadurch entstehen, dass mögliche Optionen bzw. Opportunitäten *nicht* wahrgenommen wurden. Um es an einem einfachen Beispiel zu illustrieren:

> **Beispiel**
> Sie besitzen eine Garage, die Sie nicht nutzen, weil Sie umgezogen sind und nun einen Carport direkt neben Ihrem Haus besitzen. Das Nicht-Vermieten dieser Garage kostet zwar nichts, es entstehen aber Opportunitätskosten in Höhe der verpassten Mieteinnahmen.

Mit dem gewählten Beispiel im Hinterkopf wird schnell klar, dass sich der Ansatz auch direkt auf die eigene Zeit übertragen lässt. Wir gehen davon aus, dass Sie zunächst eine „normale" Zeiteinteilung haben, beispielhaft dargestellt in Abbildung 1. Es stehen nun noch 3 Stunden und 45 Minuten „freie" Zeit zur Verfügung[1].

1 Tag	24 Stunden
Arbeit	8 Stunden
Wege	1,5 Stunden
Hygiene	45 Minuten
Reinigung	45 Minuten
Einkaufen	15 Minuten
Essen	1 Stunde
Schlaf	8 Stunden
"Freie" Zeit	3,75 Stunden

Abbildung 1, "Normale" Zeiteinteilung

Wenn diese Zeit nun dafür genutzt wird sich z.B. eine Serie zu streamen, so entstehen zwar Kosten für Strom und Abnutzung, diese sind aber vernachlässigbar. Was im Gegensatz dazu nicht vernachlässigbar ist, sind die in einem größeren Maße entstehenden Opportunitätskosten, da die Zeit nicht zum Arbeiten genutzt wird.

Hinterlegen wir das mit Zahlen. Wir gehen davon aus, dass eine Stunde reguläre Arbeit einen Verdienst von 20€ brutto mit sich bringt. Eine Stunde Arbeit in der freien Zeit kann dabei völlig anders bewertet sein, wir gehen von 15€ brutto pro Stunde aus. Wenn man nun also von den zur Verfügung stehenden 3 Stunden und

---

[1] Reinigung und Einkaufen sind Mittelwerte, die nicht unbedingt an jedem Tag anfallen, aber bei Anfallen höhere Zeiten benötigen.

45 Minuten eines Wochentages 2 Stunden zur Arbeit nutzen, so würden wir 30€ brutto mehr einnehmen. Bei 5 Arbeitstagen pro Woche und 4 Wochen im Monat sprechen wir also schon von

30€ x 5 x 4 = 600€.

600€ brutto im Monat sind eine absolut nicht zu vernachlässigende Summe und um diese zu erreichen wurde weder die gesamte Freizeit an Arbeitstagen, noch Arbeitszeit am Wochenende eingeplant. Es wurde noch nicht einmal davon ausgegangen, dass die zusätzliche Arbeit besser entlohnt wird, als die reguläre Tätigkeit. Mit diesen Informationen ausgestattet, möchte ich explizit eine Warnung aussprechen

> **Warnung**
> Es ist nicht nur normal, sondern absolut sinnvoll, seine Zeit auch für Freizeit, also z.B. zur Erholung zu nutzen. Es geht nicht nur darum, eine maximale Zeit in Arbeit zu investieren, sondern vielmehr darum, sich ein Bild davon zu machen, wie man die eigene Zeit einteilt und was dies für Konsequenzen mit sich bringt.

Zusätzlich zu der Warnung sei angemerkt, dass sich, gerade bei höheren Einkommen, das Verdienen von zusätzlichem Geld durch die Steuerbelastung keineswegs in einem 1:1-Verhältnis angesetzt werden kann. Sie sollten sich also sehr gut überlegen, was

Ihnen Ihre Freizeit wert ist und was nicht. Alleine die Tatsache, dass Sie dieses Wissen besitzen und es sich bewusst machen, wirkt aber meist schon positiv auf den Einsatz Ihrer Ressourcen.

Outsourcing

In diesem Kontext wird das Thema Outsourcing aus verschiedenen Gründen relevant. Der erste Grund ist klar: Wenn Sie jemanden dafür bezahlen, dass er Ihnen eine Tätigkeit abnimmt, gewinnen Sie Zeit, da Sie die entsprechende Tätigkeit nicht mehr durchführen (müssen). Wie wir eben bereits feststellen konnten, ist diese Zeit Geld wert. Wir können also ganz pragmatisch sagen, dass es sich lohnt, Arbeiten outzusourcen, wenn dies günstiger als Ihre Opportunitätskosten ist. Wir ziehen wieder ein Beispiel zu Rate.

> **Beispiel**
> Sie könnten in Ihrer freien Zeit 15€ netto pro Stunde verdienen. Auf Ihrer ToDo-Liste steht noch Rasenmähen, welches ca. zwei Stunden dauern würde. Statt dies selbst zu erledigen, bezahlen Sie einem Schüler aus der Nachbarschaft 10€ pro Stunde und arbeiten die frei gewordene Zeit selbst. Sie haben somit 10€ verdienen können, weil Sie Ihre Zeit effizient eingesetzt haben.

Auch hier gibt es natürlich wieder Einschränkungen. Es kann durchaus sein, dass Sie das Rasenmähen genießen und es Ihnen keineswegs wie Arbeit vorkommt, sondern viel mehr eine Verschnaufpause bietet. In diesem Fall würde sich das Beispiel also nicht anbieten, da Sie „bezahlte" Freizeit im Sinne der Opportunitätskosten eintauschen gegen Arbeitszeit – es sei denn diese macht Ihnen zufälligerweise noch mehr Spaß. Darüber hinaus – und das ist nicht zu vernachlässigen[2]– kann es geschehen, dass Sie beim Durchführen gewisser Tätigkeiten hohe Lerneffekte haben. Diese können Sie gewissermaßen als Investition in sich selbst verstehen. Wenn Sie solche Tätigkeiten, vielleicht sogar mit einer gewissen Regelmäßigkeit, erledigen, dann steigern Sie Ihren eigenen Wert, da Sie sich zusätzliches Wissen aneignen und Sie machen sich darüber hinaus nicht von anderen abhängig.

Zuletzt sei noch angemerkt, dass in diese Betrachtungen immer mit einbezogen werden muss, in welchem Zeitraum jemand eine Arbeit erledigen kann. Wenn der Schüler aus unserem Beispiel z.B. drei statt nur zwei Stunden benötigen würde, so würde es finanziell keinen Unterschied machen, welche Variante gewählt wird[3], sodass es auf die

---

[2] Vergleiche dazu auch das nächste Kapitel.
[3] Nach Steuern wäre es allerdings effizienter, die Arbeit selbst zu erledigen.

persönliche Präferenz ankommt [4]. Mit diesem Argument möchte ich dieses Kapitel auch gerne in die Abschlussübungen überleiten, denn hier geht es darum, sich selbst und sein Umfeld zu analysieren und die entsprechenden Schlüsse zu ziehen. Was müssen Sie also tun?

Abschlussübungen

- Stellen Sie einen Plan über Ihre Zeit auf. Planen Sie dabei explizit gewünschte Freizeit mit ein, aber seien Sie ehrlich mit sich und Ihren Möglichkeiten.
- Schätzen Sie realistisch ein, welchen Verdienst Sie in etwa abseits Ihrer regulären Tätigkeit pro Stunde erreichen können.
- Prüfen Sie Ihren Zeitplan und Ihre Einschätzung gegeneinander. Gibt es Potenziale, an denen Sie ansetzen können? Wenn ja, setzen Sie diese um – dies beinhaltet auch Outsourcing!

---

[4] Es gibt Studien, die zeigen, dass das Outsourcen alltäglicher Arbeiten glücklicher macht. Es kann also tatsächlich sein, dass Sie Geld damit verdienen, sich selbst glücklicher zu machen.

Der Wert von Geld

Die Frage danach, was Geld wert ist, erscheint zunächst vielleicht unsinnig, denn 100€ sind schließlich 100€. Obwohl diese Aussage objektiv natürlich richtig ist, beachtet sie aber zu wenige Faktoren. Diese sollen in diesem Abschnitt etwas genauer erläutert werden.

Lebenshaltungskosten

Fangen wir also mit den offensichtlichen Faktoren an: 100€ in Elend im Harz haben eine völlig andere Kaufkraft als 100€ in Hamburg-Blankenese. Miet- und auch Kaufpreise für Immobilien sind je nach Region völlig unterschiedlich, da "HotSpots" eine ganz andere Aufmerksamkeit bei Investoren haben.[5] Dieses Wissen ist vor allem dann heranzuziehen, wenn es um Gehälter in anderen Städten geht. In so einem Fall kann es dann durchaus Sinn machen, nicht nur die höhere Steuerbelastung (wir gehen von einem höheren Gehalt aus), sondern auch die Abweichung der Lebenshaltungskosten in die Berechnungen mit einzubeziehen. Dies wird auch im Beispiel auf der nächsten Seite verdeutlicht. Noch relevanter wird es aber, wenn man beabsichtigt, sich von passivem Einkommen zur Ruhe zu setzen, denn es steht ein völlig anderes Investment hinter dem komfortablen

---

[5] Dies hängt auch mit dem Risiko-Rendite-TradeOff zusammen, dazu mehr im entsprechenden Abschnitt.

Leben von passivem Einkommen an verschiedenen Orten.

> **Beispiel**
> Sie verdienen aktuell 50.000€ brutto pro Jahr in einer Stadt, deren Lebenshaltungskosten wir als Standard definieren. Nach Steuern bleiben Ihnen davon ca. 30.000€ netto übrig. Sie bezahlen davon pro Monat eine Miete von 1.000€ inkl. Nebenkosten und haben somit noch 18.000€ pro Jahr oder 1.500€ pro Monat zur Verfügung.
>
> Angenommen Sie bekommen nun ein Jobangebot mit einem Jahresgehalt von 70.000€, also 40% mehr, in einer Stadt, die um 25% höhere Lebenshaltungskosten hat. Nach den Steuern würden davon ca. 38.500€ netto übrigbleiben. Davon zahlen Sie nun 1.250€ Miete inkl. Nebenkosten pro Monat, also stehen noch 23.500€ pro Jahr zur Verfügung. Wenn man diese durch die erhöhten Lebenshaltungskosten dividiert, erhält man 18.800€ pro Jahr oder 1.566,67€ pro Monat, also einen wesentlich geringeren Real-Zuwachs als erwartet.

Zeitwerte

Das Wissen über Zeitwerte von Geld ist ein sehr wichtiges, denn es illustriert anschaulich den Zinseszins-Effekt bzw. die Tatsache, dass 100€ heute nicht den gleichen Wert haben, wie 100€ in einem Jahr. Diese Tatsache hat nichts mit dem Spruch „Lieber den Spatz in der Hand, als die Taube auf dem Dach." zu tun, sondern mit der Tatsache, dass man die 100€ heute für ein Jahr lang anlegen und dadurch Kapitalerträge generieren könnte. Aber halt, es gibt doch auch noch Inflation! Richtig, aber erstaunlicherweise meist vernachlässigbar. Das liegt nicht daran, dass die Inflation meistens relativ gering ist[6], sondern an dem Umstand, dass Verzinsung mit Inflation sehr stark korreliert. Dies ist z.B. aktuell zu beobachten: Die Zinssituation ist sehr gering, die Inflation ebenso. Generell lässt sich darüber eine Art Daumenregel formulieren.

> **Daumenregel**
> Es ist nicht gesondert nötig, Inflation zu betrachten, da die meisten renditeorientierten Anlagevarianten eine höhere Verzinsung aufweisen als die Inflation. Eine geringere Verzinsung als die Inflation wird im Schnitt durch alle „risikolosen" Anlagen erzielt, beispielsweise Bundesanleihen der Bundesrepublik Deutschland, Sparbücher oder Tagesgeldkonten.

Zurück zu unserer Erkenntnis: Geld heute ist im Allgemeinen mehr wert als Geld morgen. Je länger der Abstand zu „morgen" wird, umso mehr ist das

---

[6] Die angepeilte Inflation der Bundesrepublik Deutschland liegt bei 2%, meist liegt sie aber darunter.

16 | Der Wert von Geld

Geld heute wert, dies liegt wie bereits erwähnt am Zinseszins-Effekt. Um diesen Effekt einmal greifbar zu machen, bemühen wir ein Beispiel:

Sie haben heute 100€ und legen diese am Kapitalmarkt an. Wir rechnen für diese Anlage mit einer Verzinsung von 8% pro Jahr[7]. Welcher Betrag steht uns nach einem längeren Zeitraum von 30 oder sogar 40 Jahren zur Verfügung? Abbildung 2 gibt uns Aufschluss über die Wertentwicklung über einen Zeithorizont von 40 Jahren.

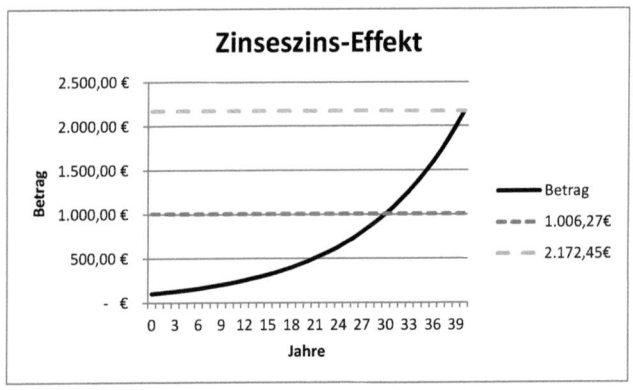

Abbildung 2, Zinseszins-Effekt über 40 Jahre

---

[7] Es werden in amerikanischen Szenarien häufig 8% als Rechenwert angegeben, da der Standard & Poor's-Aktienindex in der zweiten Hälfte des 20. Jahrhunderts durchschnittlich 8,7% pro Jahr zulegte. Das Rechenbeispiel könnte selbstverständlich auch mit konservativeren Werten, z.B. Bundesanleihen, durchgeführt werden, es dient hier lediglich zur Illustration.

Passives Einkommen | 17

Zunächst springt der große Unterschied zwischen 30 Jahren und einem Wert von 1.006,27€ und 40 Jahren und einem Wert von 2.172,45€ ins Auge. Die letzten zehn Jahre der Anlage verdoppeln ihren Wert!

Dies bedeutet vor allem eins: Je früher damit begonnen wird Investments zu tätigen, umso mehr können sich diese lohnen. Die Zeit arbeitet für jemanden, der investiert und gegen jemanden, der dies nicht tut. In diesem Sinne möchte ich mich eines schönen Zitates bedienen:

„Die beste Zeit, einen Baum zu pflanzen, war vor 20 Jahren. Die nächstbeste Zeit ist jetzt."

- *Aleksej Andreevic Arakceev*

Man kann sich also viele Gedanken darüber machen, welche Chancen eventuell dadurch vertan wurden, dass noch nicht vor einer längeren Zeit Investments getätigt wurden, dies bringt einen aber nicht weiter. Die einzige Möglichkeit zur Verbesserung liegt darin, *jetzt* damit zu beginnen, denn *JETZT* ist besser als *SPÄTER*.[8]

---

[8] Metaphorisch zu verstehen; es kann natürlich auch Situationen geben, in denen sich ein Investment, z.B. in den Kapitalmarkt, gerade nicht anbietet. In sich selbst kann man aber jederzeit investieren.

Wo und wie kann ich investieren?

Generell möchte ich im Rahmen dieses Buches eine größere Anzahl an Möglichkeiten aufzeigen, wie und wo Investitionen getätigt werden können. Dies bezieht sich aber insbesondere auf Investitionen in Form von Geld und/ oder Zeit in ein akutes Projekt. Eine breitere Auswahl davon ist im späteren Kapitel *Übersicht einiger Investmentmöglichkeiten* zu finden.

Es gibt aber noch eine völlig andere Form von Investment, die viele Personen bereits unbewusst betreiben und die nicht zu vernachlässigen ist: Ein Investment in sich selbst.

Ein Investment in sich selbst wurde schon im Kontext von Outsourcing angeschnitten, ein jeder von uns ist aber bereits in einem anderen Zusammenhang daran vorbeigekommen: Schule, Ausbildung und/ oder auch Studium. Diese Zeiten werden investiert, um den eigenen Wert auf dem Arbeitsmarkt zu stärken, indem Zeit in sich selbst investiert wird. Wissen und Kompetenzen werden aufgebaut und somit wird die eigene Arbeit mehr wert. Dieses Verhalten macht natürlich umso mehr Sinn, wenn noch viel Zeit in Arbeit gesteckt werden kann, da diese dann im Schnitt höher vergütet wird. Nicht zuletzt deshalb laden sich viele Menschen freiwillig die Mühe und die Kosten eines Studiums auf: Sie haben danach noch viel Gelegenheit Nutznießer ihrer hoffentlich höheren Vergütung zu werden. Im Gegensatz dazu lohnt es sich unter Umständen nicht mehr, sich eigenständig

Passives Einkommen | 19

kurz vor dem Renteneintritt weiter zu bilden, es sei denn die Absicht, auch danach noch aktiv zu arbeiten, besteht.

Wie aber kann man ermessen, ob sich ein Investment in sich selbst lohnt? Eine allgemeingültige Quantifizierung ist hier definitiv nicht möglich, da sehr viele verschiedene Faktoren eine Rolle spielen, wir können aber eines mit Sicherheit sagen:

Eine Weiterbildung im beruflichen Kontext lohnt sich somit eigentlich immer, wenn sie in der Arbeitszeit geschieht. Dies ist augenscheinlich klar, da die Arbeit bezahlt wird während zeitgleich ein Investment in sich selbst betrieben wird. Eine individuelle Win-Win-Situation.

Darüber hinaus können wir auch hier wieder mit einer Daumenregel arbeiten.

> **Daumenregel**
> Je früher man in sich selbst investiert, umso sinnvoller ist es, da die gleichen Prinzipien wie bei finanziellen Investments greifen. Steht man vor der Wahl, Zeit und somit Geld in sich *oder* in andere Anlagen zu investieren, so ist die Antwort immer dann in sich selbst, wenn mit dem Investment auch eine absehbare Steigerung der Vergütung zusammenhängt. Dies liegt darin begründet, dass im Schnitt ein Großteil der Zeit für die reguläre Arbeit aufgewendet wird.

Risiko-Rendite-Verhältnis

Wie sollte optimaler Weise jedes Investment aussehen? Die meisten Personen würden auf diese Frage sinngemäß antworten: „Eine maximale Rendite bei einem minimalen Risiko." Während das natürlich eine angenehme Vorstellung ist, ist es leider auch an der Realität vorbei gegriffen, denn Risiko und Rendite sind meistens[9] aneinandergekoppelt.

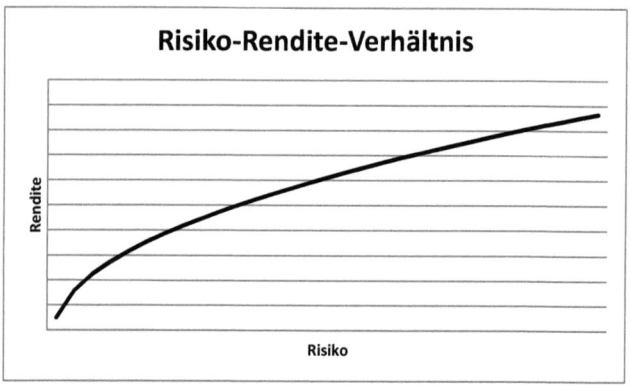

Abbildung 3, Risiko-Rendite-Verhältnis

Generell verhält es sich bei Risiko ähnlich wie bei der Nutzentheorie. Je höher das gewählte Risiko, desto

---

[9] Es gibt sicherlich auch Ausnahmesituationen, aber diese sind in den wenigsten Fällen den normalen Marktteilnehmern bekannt oder von diesen nutzbar, daher beschränken wir uns auf die Optionen, die auch allen Personen zur Verfügung stehen.

Passives Einkommen | 21

höher auch die zu erwartende Rendite[10], dennoch ist es so, dass die Rendite nicht im selben Maße ansteigt wie das Risiko, welches dafür in Kauf genommen wird. Eine Skizze dieses Sachverhalts ist in Abbildung 3 dargestellt. Für jede Person, die etwas investieren möchte, stellt sich also die Frage, was für eine persönliche Risikoaversion diesem Investment zu Grund gelegt wird.

Im Bereich der Investments in sich selbst kann dies mit der Ausbildung bzw. der Studienwahl eng zusammenhängen. Beispielsweise besteht ein enormes Risiko in den Bereichen, in denen es nur „wenige schaffen". Dazu können z.b. Musiker gehören, die im Durchschnitt kein besonders hohes Einkommen verzeichnen können, aber ein unglaublich hohes Einkommenspotenzial besitzen, wenn sie erfolgreich sind. Ein anderes Beispiel wären hier auch Investmentbanker, die gigantische Einkommenspotenziale besitzen, aber nur sehr wenige ausgewählte Personen, die diese Positionen erreichen und die Potenziale ausschöpfen können.

Auf der Gegenseite liegen dann z.B. Behördenjobs, die eine große Sicherheit bieten, meistens aber ein eher beschränktes Einkommenspotenzial besitzen.

Wichtig ist hierbei vor allem die Erkenntnis, dass es „nichts umsonst gibt". Jede Entscheidung ist mit Konsequenzen verbunden und möchte man gerne

---

[10] Bei richtiger Auswahl des Portfolios.

eine hohe Rendite erzielen, birgt das meistens auch ein höheres Risiko. Wenn man im Gegenzug nicht dazu bereit ist Risiken zu tragen, so muss man sich damit abfinden, dass die zu erwartenden Renditen deutlich niedriger sind.

> **Warnung**
> Es wird stets von zu erwartenden Renditen gesprochen. Alle Varianten sind immer mit Unsicherheiten verbunden, d.h. auch, dass eine scheinbar risikoärmere Investition einen höheren Verlust erleiden kann, als eine risikofreudige – es ist schlicht und ergreifend weniger wahrscheinlich.

Abschlussübungen

- Schätzen Sie mit Ihrem neu gewonnenen Wissen Ihre eigene Risikofreudigkeit grob ein.
- Prüfen Sie ganz bewusst, ob Sie die mit dieser Einschätzung verbundenen negativen Konsequenzen tragen könnten, d.h. z.B. geringe Rendite oder hohe Verluste.
- Überprüfen Sie, ob Ihre Einschätzung sich auf Ihre Entscheidungen im Alltag übertragen lässt: Wenn Sie auch dort so handeln, haben Sie sich vermutlich richtig eingeschätzt, wenn nicht, prüfen Sie die Einschätzung zumindest noch einmal.

Der Leverage-Effekt

Der Leverage-Effekt beschreibt, wie der Name besagt [11], eine Hebelwirkung. Diese kann in verschiedenen Varianten angewandt werden, auf die in diesem Abschnitt eingegangen werden. Ich möchte hier explizit darauf hinweisen, dass gehebelte Geschäfte unter Umständen ein enormes Risikopotential bergen und rate jeder Person davon ab, sich in diesem Bereich zu betätigen, wenn kein umfassendes Wissen dazu vorhanden ist. Dies wird an einigen Beispielen auch deutlich gemacht.

Fangen wir aber mit der theoretischen Einordnung des Leverage-Effeks an: Dieser Effekt wird dazu genutzt bzw. soll dazu genutzt werden, die Rendite zu erhöhen, indem das Investment gehebelt wird. Wie wir im vorherigen Abschnitt gelernt haben, erhöht dies aber auch zwangsläufig das Risiko und zwar (und diese Erkenntnis kann nicht zu oft erneuert werden) überproportional zur Erhöhung der erwarteten Rendite. Machen wir uns das zunächst an einem einfachen Beispiel klar: Dem Leihen von Geld.

Wir gehen davon aus, dass wir ein Kapital von 1.000€ zur Verfügung haben. Zusätzlich können wir uns Geld von z.B. der Bank leihen, sagen wir für eine Verzinsung von 3,00%. Diese Option nehmen wir wahr und leihen uns weitere 1.000€. Die 2.000€, die somit zur Verfügung stehen, legen wir am

---

[11] Lever, engl. für Hebel.

Kapitalmarkt an und erzielen dabei eine Rendite von 5% oder 100€. Von diesen 100€ müssen wir noch unsere Zinsen bezahlen, also gehen 30€ für diesen Zweck wieder an die Bank. Die restlichen 1.000€ geliehenes Kapital zahlen wir zur Tilgung zurück und besitzen somit am Ende des Jahres 1.070€. Wir haben also eine Rendite von 7% erreicht, obwohl wir nur 5% am Kapitalmarkt erwirtschaftet haben. Die Differenz liegt natürlich darin begründet, dass wir mit dem geliehenen Kapital eine höhere Rendite erwirtschaftet haben, als die Zinszahlungen uns kosten.

Das klingt natürlich erst einmal nicht schlecht, deshalb direkt das Gegenbeispiel: Wir haben das gleiche Szenario wie oben, aber wir erwirtschaften wegen einer Rezession keinerlei Gewinne. Wir erreichen dadurch eine Rendite von -3% dank der zu zahlenden Zinsen. In diesem Sinne die theoretische Interpretation: Der Leverage-Effekt kann als eine Erhöhung des in Kauf genommenen Risikos im Risiko-Rendite-Verhältnis interpretiert werden.

Es gibt allerdings einige Gründe, warum dieses Prinzip für Normalanleger wenig geeignet ist und dieses wird an einem Beispiel illustriert.

> **Beispiel Leveraged ETF**
>
> Eine erste Frage, die viele Personen sofort in den Raum stellen ist die, warum es bei einem durchschnittlichen Wachstum des S&P von 8,7% nicht sinnvoll ist, sich langfristig gehebelte Index-ETFs einzukaufen und zu halten. Der Grund ist der, dass die meisten Kapitalmarktinstrumente, auch ETFs, einer gewissen Volatilität unterliegen. Die Modellierung der Finanzmathematik geht dabei oft von einer Brown'schen Bewegung aus, d.h. eine Bewegung nach oben ist genauso wahrscheinlich wie eine nach unten. Wenn wir jetzt eine Hebelung von 2 ansetzen und davon ausgehen, dass der Index aktuell bei 100€ steht können wir folgendes beobachten:
>
> Der Index steigt um 10%, der gehebelte Index entsprechend um 20%. Er ist nun 120€ wert. Nun sinkt er um 10%, der gehebelte um 20%. Er ist nun 99€ bzw. 96€ wert.
>
> Langfristig tendiert dieses Konstrukt gegen 0.

Es kommt aber sogar noch schlimmer: Gehebelte Geschäfte können mehr als einen Totalverlust zur Folge haben, beispielsweise ein Verlust von 5% auf einem 25-fach gehebelten Produkt hat einen Verlust von 125% zur Folge.

Da wir bereits festgestellt haben, dass wir uns mit gehebelten Produkten eigentlich nur eine

Verschiebung im Risiko-Rendite-Verhältnis einkaufen, macht es häufig mehr Sinn, so es denn gewünscht ist, risikoreicher anzulegen und trotzdem auf einen Hebel zu verzichten.

Warum wurde der Leverage-Effekt dann überhaupt aufgenommen? Die Antwort ist ganz klar: Erstens gibt es im Bereich von hohen Investments auch sinnvollen Nutzen[12] und zweitens ist das Wissen dafür relevant, sich nicht in „falsche" Investments[13] locken zu lassen.

Diversifikation

Diversifikation beschreibt die Verteilung der eigenen Anlage auf verschiedenste Risiken, um so das Gesamtrisiko zu minimieren. Vereinfacht gesagt ist die Überlegung, dass es deutlich unwahrscheinlicher ist, dass voneinander unabhängige Risikosituationen gleichzeitig eintreffen und so ein diversifiziertes Portfolio nicht so stark von solchen Szenarien betroffen ist. Schauen wir uns auch hier ein kleines Beispiel an:

---

[12] Das beste Beispiel kann das Erwerben von Wohneigentum sein, für das die wenigsten Menschen genug eigenes Kapital besitzen – sie leihen sich also welches von der Bank.
[13] Ich möchte mir nicht anmaßen, jedes Investment bewerten zu können, aber ein breites Hintergrundwissen schützt oft vor falschen Entscheidungen.

Wir halten mit 100% unseres Investments Anteile an einer Firma, deren Erfolg sehr stark von der Zinspolitik der EZB abhängt. Wenn nun dort eine Entscheidung getroffen wird, die problematisch für diese Firma ist, so ist davon auszugehen, dass die Anteile deutlich an Wert verlieren und auch die zukünftigen Gewinne einbrechen. Dies wirkt sich auf unser komplettes Portfolio aus.

Halten wir nun stattdessen 50% an dieser Firma und 50% an einer Firma, deren Hauptrisiko Erdbeben in Indien sind, so ist es unwahrscheinlicher, dass beides eintritt. Wir haben aber trotzdem ein Exposure [14] gegenüber einem neuen Risiko mit ins Portfolio aufgenommen.

Hinter dieser Überlegung stehen Grundlagen der Wahrscheinlichkeitstheorie. Nehmen wir an, dass das

Risiko A = EZB-Entscheidung wird gefällt

mit einer Wahrscheinlichkeit von 10% eintritt, ebenso

Risiko B = Ein Erdbeben in Indien geschieht.

Weiter gehen wir davon aus, dass diese Risiken unabhängig voneinander sind[15]. Das Eintreten jedes

---

[14] Ein Anglizismus aus dem Bankwesen für offene Risikopositionen von Finanzinstrumenten.

[15] Es gibt sehr spannende Forschung zu diesem Thema, da auch Risiken, die scheinbar unabhängig voneinander sind, über mittelbare Verbindungen miteinander korreliert sein können. Diese Betrachtung sprengt aber den Rahmen.

Diversifikation

Risikos hat eine Wertminderung von 50% zur Folge. Zur Vereinfachung betrachten wir nun ausschließlich diese Risiken und beziehen keine weiteren Wertänderungen mit in die Betrachtung.

Die Mathematik gibt uns also vor[16], dass mit

P(A)=P(B)=10%

und der Bedingung der Unabhängigkeit[17]

P(A und B)=1%

gilt.

Der Erwartungswert unseres Investments liegt also bei

100€ x P(Nicht A und nicht B) + 50€ x P(A und B) + 75€ x P(A und nicht B) + 75€ x P(B und nicht A) =

100€ x 81% + 50€ x 1% + 75€ x 9% + 75€ x 9% = 95€

Haben wir stattdessen nur eine Position im Portfolio, so haben wir ebenfalls einen Erwartungswert von

100€ x P(Nicht A) + 50€ x P(A) = 95€.

---

[16] Wenn P(X) die Wahrscheinlichkeit bezeichnet, dass das Ereignis X eintritt.
[17] Vereinfacht gesagt können Wahrscheinlichkeiten unabhängiger Ereignisse einfach miteinander multipliziert werden.

Wir haben also die Chance für einen hohen Verlust von 10% auf 1% verkleinert, dafür aber eine Chance für „kleinere" Verluste neu integriert. Warum macht eine Diversifikation dann überhaupt Sinn?

Zum einen können wir von Wertsteigerungen ausgehen, die bei einem breit gefächerten Investment, die kleineren Verluste mehr als ausgleichen und zum anderen ist dieses Gebiet wissenschaftlich stark erforscht und liefert entsprechende Ergebnisse. Der Portfoliotheoretiker Harry Markowitz kam zu dem Ergebnis, dass ein diversifiziertes Portfolio die Volatilität reduziert und sogar die Rendite erhöhen kann. Dass er dafür 1990 sogar einen Nobelpreis in Wirtschaftswissenschaften verliehen bekam, bestätigt die Relevanz dieser Aussage.

Wie sieht das „richtige" Investment aus?

Wie so oft, ist die Antwort auf diese Frage leider subjektiv und hängt von vielen Parametern ab. Grundsätzlich aber gilt, dass es sich anbietet ein diversifiziertes Portfolio aufzubauen. Das gilt dabei explizit nicht nur für finanzielle Investments, sondern auch für zeitliche. Beispiele, warum dies nötig ist, sind sogenannte „One-Trick-Ponys", die mit einer Methode eine Zeit lang eine hohe Rendite erwirtschaften können, sobald diese Methode aber nicht mehr funktioniert insolvent werden – weil sie sich voll darauf verlassen haben, dass exakt diese Methode dauerhaft

Diversifikation

wirkt. Um konkreter zu werden: Fußballspieler[18], die zu Beginn ihres Erwerbslebens gewaltige Summen verdienen und ihren Lebensstandard und somit auch ihre Ausgaben entsprechend anheben. Wenn sie nicht frühzeitig weitere Standbeine entwickeln enden sie nach ihrer Profi-Karriere oft in Verhältnissen, die bei einem derartigen Einkommen absolut nicht nötig wären.

Konkret heißt das: Wenn es ohne große Verluste möglich ist, ein Investment in einer sehr großen Position zu reduzieren, so sollte dies getan und in eine andere, möglichst wenig korrelierte Position übertragen werden. Bei einem kleineren zur Verfügung stehenden Investmentpool sollte hierbei allerdings darauf geachtet werden, dass die Umschichtungskosten [19] verhältnismäßig sind, ansonsten kann es sinnvoller sein nicht direkt umzuschichten, sondern stattdessen einfach zukünftige Investments in einem anderen Feld zu tätigen und dadurch ein diversifiziertes Portfolio zu erreichen.

---

[18] Selbiges kann natürlich auch für andere Personen gelten, z.B. Musiker mit einem großen Hit, YouTube-Stars mit einem populären Video oder Ähnliches.
[19] Verkaufsgebühren, Kaufgebühren, Steuern etc. die anfallen.

> **Beispiel**
> Sie haben monatlich 100€ zur Verfügung, die Sie investieren möchten. Ihre Handelsgebühren betragen 5€ pro Kauf und Verkauf. Sie haben einmalig 500€ in eine einzelne Position investiert, die nun 600€ wert ist. Wenn Sie ihre Position komplett auflösen und in 6 Positionen aufteilen möchten, zahlen Sie zuerst 25% Kapitalertragssteuer auf die 100€ „Gewinn", 5€ Verkaufsgebühr und dann 30€ Kaufgebühren, insgesamt also 60€ oder 10%. Hier wäre es sinnvoller nur zukünftig anders zu investieren.

FX-Exposure

FX-Exposure, kurz für Foreign Exchange-Exposure, beschreibt das Risiko, dass aus dem Halten von Positionen in Fremdwährungen resultiert. Der Ursprung dieses Risikos liegt darin begründet, dass sich die Wechselkurse zwischen den Währungen ändern können. Wenn beispielsweise in Investment von 100€ in britischen Pfund zu einem Zeitpunkt getätigt wird, an dem britische Pfund einen Wert von 1,42€ haben[20] so erhält man einen Gegenwert von 70,42£. Ändert sich am Wert dieses Investments absolut nichts, aber man möchte es zu einem

---

[20] Beispielweise Ende November 2015.

späteren Zeitpunkt und einem anderen Wechselkurs, beispielsweise 1,09€ [21], wieder auflösen, so erhält man lediglich 76,76€ zurück, obwohl das Investment in britischen Pfund sich nicht geändert hat.

Wie ist damit umzugehen? Eine Möglichkeit ist das Einkaufen von Hedges, welche im nächsten Kapitel erläutert werden. Die andere Möglichkeit ist die bewusste Wahl von Investments. Die „großen" Währungen fluktuieren meistens[22] weniger stark[23], als beispielsweise Währungen aus Emerging Markets. Dieses Wissen muss mit in die Auswahl einbezogen werden, das heißt es muss bei bzw. vor einem Investment klar sein, wie die Risikoanteile zusammengesetzt sind [24]. Diese verschiedenen Risiken sollten bewusst abgewogen und in Kauf genommen werden, sodass das Gesamtportfolio entsprechend diversifiziert werden kann.

---

[21] Ende August 2017.
[22] Dies ist eine Mittelwert-Beobachtung. Als z.B. der Schweizer Franken vom Euro entkoppelt wurde (15.01.2015), gab es kurzzeitig durchaus auch stärke Volatilität.
[23] Der Euro/Dollar-Kurs bewegt sich seit 2000 in etwa in einem 25%-Korridor.
[24] Beispielsweise welcher Anteil auf Zinsrisiken, Finanzmarktrisiken, Währungsrisiken etc. entfällt. Dies wird im entsprechenden Kapitel anhand von Beispielen erläutert.

> **Daumenregel**
> Je nach Standort macht es häufig Sinn, dass FX-Exposure klein zu halten, also stark in Aktien des eigenen Währungsraumes zu investieren. Der Grund ist schlicht und ergreifend die Elimination eines Risikos, welches ansonsten zusätzlich mit in die Betrachtung einbezogen werden müsste.
>
> Überspitzt gesagt wird davon ausgegangen, dass es vergleichbare Investments auch im eigenen Währungsraum geben muss und diese auch eine vergleichbare Bewertung aufweisen – aber ein Risiko weniger mit sich bringen.
>
> Bitte beachten Sie, dass die Daumenregel explizit nicht bedeutet, dass man ausschließlich so investiert – da dies wieder zu wenig Diversifikation bedeutet.

Natürlich kann ein FX-Exposure ebenso wie es sich negativ auf die eigenen Investments auswirken kann auch genau so positiv auf diese auswirken - da wir aber keine Richtung vorhersagen können betrachten wir es eher als Risiko.

Hedging

Das Wort Hedge kommt aus dem Englischen und bedeutet so viel wie Absicherung. Ein Hedge kann viele verschiedene Formen besitzen, diese haben aber eines gemeinsam: Sie bieten eine Absicherung gegen ein Risiko. Um das Beispiel aus dem vorherigen Kapitel zum FX-Exposure aufzugreifen, kann ein Hedge beispielsweise dafür genutzt werden, ein Währungsrisiko abzusichern.

Wie könnte das aussehen? Man würde sich die Option einkaufen, zu einem in der Zukunft liegenden Zeitpunkt[25] britische Pfund zu einem jetzt festgelegten Kurs in Euro zu tauschen. Dies wird im finanzmathematischen Jargon eine Put-Option genannt [26]. Das „Besondere" einer Option steht eigentlich schon in ihrem Namen. Wir kaufen uns mit einer Option keine Verpflichtung ein, sondern lediglich die Option, etwas zu tun. Dies hat zur Folge, dass eine Option risikomindernd wirkt, denn sollte der Kurs des Britischen Pfunds steigen und zum Zeitpunkt, an dem wir die Option nutzen könnten für uns besser liegen, so würden wir schlicht und ergreifend keinen Gebrauch von der Option machen. Liegt der Kurs

---

[25] Oder zu mehreren Zeitpunkten bzw. zu einem beliebigen Zeitpunkt innerhalb eines bestimmten Zeitintervalls.

[26] Je nach Ausübungszeitpunkt mit einer Ortsbezeichnung verbunden, eine amerikanische Put-Option ist beispielsweise eine Option, die innerhalb eines Zeitraums das Recht einräumt.

allerdings schlechter, so sollte von der Option Gebrauch gemacht werden. Wie wir bereits gelernt haben heißt das aber auch: Wir mindern unsere erwartete Rendite. Dies trifft auch absolut auf die Realität zu, denn das Einkaufen von Optionen kostet schlicht Geld.

Zur Illustration werfen wir einen Blick auf unser Beispiel und das damit verbundene Auszahlungsprofil (vgl. Abbildung 4), ein „Hockey Stick".

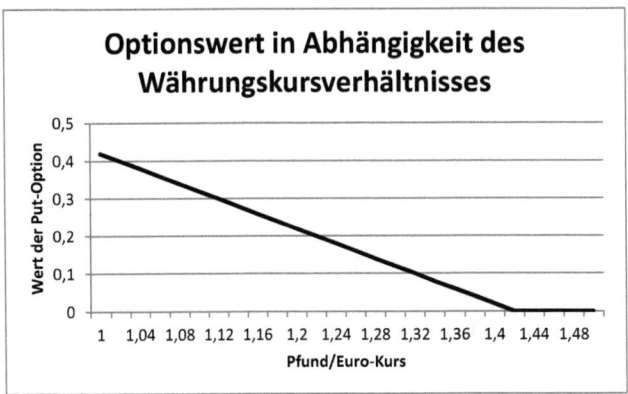

Abbildung 4, Optionswert

Die Option ein Britisches Pfund gegen 1,42€ einzutauschen hat einen linear vom Kursverlauf abhängigen Wert, minimal aber 0. Liegt der Kurs zum Ausübungszeitpunkt bei 1,22€, so hat die Option einen Wert von 0,20€, da wir diese beim Nutzen dazu gewinnen. Liegt der Kurs bei 1,42€ oder darüber, so hat die Option keinen Wert mehr, weil durch das

Ausüben kein Gewinn oder sogar ein Verlust erzielt werden würden.

Hedging beschränkt sich, wie eingangs erwähnt, aber nicht nur auf Währungsrisiken. Es können auch zum Beispiel Put-Optionen auf Aktien gekauft werden, um Aktienkurse nach unten abzusichern ohne beispielsweise direkt einen Stop-Loss zu setzen und somit unter Umständen wegen kurzfristiger Volatilität des Kurses sofort zu verkaufen.

> **Daumenregel**
> Optionen bieten eine sehr nützliche Variante der Absicherung, gehören aber in den Bereich der fortgeschrittenen und derivativen Produkte. Wenn das Portfolio grundsätzlich diversifiziert gewählt ist, ist es langfristig nicht nötig, sich mit Optionen abzusichern.
>
> Darüber hinaus sollte immer nur dann in ein Produkt investiert werden, wenn dies auch vollständig verstanden wurde. In diesem Sinne sollte man sich sehr genau überlegen, ob die Nutzung sinnvoll und nötig ist – passiv ist sie nicht.

Zusammenfassend kann man über Hedging also sagen, dass es sich um eine Absicherung von Risiken zu einem gewissen Preis handelt und eher in den Bereich des aktiven Portfolios gehört[27].

---

[27] Aufgrund des aktiv zu nutzenden Ausübungsrechts.

Effiziente Märkte

Die Markteffizienztheorie oder auch Theorie der effizienten Märkte [28] besagt, dass für ein angebotenes Gut bei gleichen Voraussetzungen immer ein fairer Preis gefunden wird.

Diese Voraussetzungen beinhalten, dass alle Marktteilnehmer immer rational handeln [29] und ihnen die gleichen Informationen zur Verfügung stehen sowie keine Monopole oder andere Sondereffekte wirken. Dies hat zur Folge, dass jeglicher Preis, der durch den Markt festgelegt wird [30], bereits diese Informationen beinhaltet und somit fair ist. Es gibt in der Theorie verschiedene Abstufungen von Markteffizienz [31], auf diese gehen wir aber nicht verstärkt ein, denn es geht lediglich darum, zwei Fakten prägnant und begründet herauszustellen:

1. Es ist höchst unrealistisch, den Markt langfristig zu schlagen.
2. Wenn etwas zu gut aussieht, um wahr zu sein, dann ist es das meist auch.

Diese beiden Erkenntnisse bieten eine angenehme Sicherheit, wenn sie akzeptiert werden. Die gefühlte

---

[28] Mit einem Nobelpreis für Wirtschaftswissenschaften im Jahr 2013 ausgezeichnet.
[29] Es wird häufig vom „homo oeconomicus" gesprochen.
[30] Durch Angebot und Nachfrage, also Preistheorie.
[31] Schwache, mittelstarke und starke Effizienz.

Verantwortung für das Finden eines guten Einstiegszeitpunkts sinkt [32] und die Notwendigkeit, nach „der besonderen Gelegenheit" Ausschau zu halten wird minimiert. Es kann natürlich durchaus gute Angebote geben, aber diese werden im Gegenzug andere Nachteile mit sich bringen. Ein Angebot, welches in jeder Hinsicht besser als ein anderes Angebot wäre, würde vom Markt sofort identifiziert und stärker nachgefragt werden, der Preis würde also steigen bzw. der Preis des anderen Angebots sinken.

Beispiel
An einem Markt werden zwei Äpfel angeboten, die sich vollständig gleichen. Einer der Äpfel kostet 50 Cent und der andere einen Euro. Jeder Marktteilnehmer wird nur den günstigeren Apfel kaufen, bis der Anbieter dieses Apfels mit seinem Angebot nicht mehr hinterherkommt und die Preise erhöht – er verkauft weiterhin alle Äpfel, aber verdient damit mehr Geld.

Der Anbieter des teuren Apfels wird keine Abnehmer finden und seine Preise reduzieren, damit er seine Äpfel verkaufen kann. Nach einer gewissen Zeit trifft sich der Preis der Äpfel und die Abnehmer kaufen bei beiden Anbietern, da sie für beide Äpfel nun einen fairen Preis zahlen.

---

[32] Siehe dazu den folgenden Unterabschnitt.

„Never try to time the market" und der Cost-Average-Effekt

Es gibt eine große Anzahl an Weisheiten und klugen Sprüchen zum Thema Investment. Beispielsweise ist jedem der Spruch „Never try to time the market" bekannt. Dieser bedeutet aber entgegen einer ersten und pauschalen Interpretation nicht, dass Preisunabhängig investiert werden sollte, sondern viel mehr, dass es unmöglich ist, genau den richtigen Zeitpunkt für ein Investment zu finden. Gehen wir der Einfachheit halber von einem Aktienkurs aus, der gerade fällt. In den meisten Fällen wird sich der Kurs zu einem bestimmten Zeitpunkt wieder fangen und stabilisieren, oft sogar wieder Kursgewinne [33] verzeichnen. Exakt die gleiche Bewegung in gespiegelter Form kann ebenfalls oft beobachtet werden. Der Spruch ist somit wirklich nur so zu verstehen, dass man nicht versuchen sollte, den letzten Cent aus einer Kursbewegung zu maximieren, da durch genau diesen Versuch leicht eine Reduktion in einem höheren Ausmaß geschehen kann[34]. Zur Abgrenzung dazu kann der Spruch „Buy low, sell high" herangezogen werden, der genau ein

---

[33] Nicht unbedingt langfristiger Natur und auch nicht unbedingt im Verhältnis zum Kurs vor dem Fall.
[34] Mit Standardannahmen, der Modellierung des Kursverhaltens über eine Brown'sche Bewegung, aus der Finanzmathematik kann leicht gezeigt werden, dass die Wahrscheinlichkeit, den exakt richtigen Zeitpunkt für ein Investment zu finden, bei genau 0 liegt.

Effiziente Märkte

antizyklisches Investmentverhalten beschreibt. Er klingt erst einmal sehr platt[35], beinhaltet aber eine inhärente Wahrheit: Durch den Versuch der Maximierung können teilweise größere Gewinne verschwinden, als dadurch gut gemacht werden können[36], letztendlich ist es aber wieder eine Entscheidung, die von der eigenen Risikoaversion abhängt.

Ein genaueres Timing ist vor allem beim aktiven Investieren relevant, welches nur partiell Teil dieses Buches ist. Warum ist eigentlich ersichtlich: Natürlich kann mit aktivem Investieren auch Geld verdient werden[37], es fällt aber im Endeffekt eher in den Bereich des Arbeitens, als des Investierens, da aktiv sehr viel Zeit darauf verwendet werden muss[38]. Alleine durch diese Einschränkungen bietet es sich für einen Großteil der Menschheit nicht an, ihre Investments wirklich aktiv zu managen, sondern dies

---

[35] Die Grundthese erscheint klar und einfach durchführbar, ist in der Realität aber nicht immer anwendbar.
[36] Insbesondere bei thesaurierenden Investments, siehe dazu auch den nächsten Abschnitt.
[37] Auch wenn dies aus verschiedensten Gründen für Privatanleger meistens nicht funktioniert.
[38] Arbeitsplätze im High Finance-Bereich, also beispielsweise im Investmentbanking, in Private Equity Firmen, Hedge Funds o.Ä. sind oft mit Wochenarbeitszeiten von mehr als 80 Stunden verbunden.

Passives Einkommen | 41

nur regelmäßig zu überwachen[39] und bei Bedarf neu zu justieren.

Wagen wir nun den Schritt von der Erkenntnis, dass wir es nicht aktiv schaffen, den besten Einstiegszeitpunkt zu finden zu der Frage, wie also investiert werden sollte. Hier kommt uns der Cost-Average-Effekt zu Hilfe. Ganz platt gesagt, sagt dieser aus, dass man, indem über einen Zeitraum hinweg stückweise investiert wird, man die Volatilität des Preises ausgleichen kann und somit insgesamt zu einem durchschnittlichen Preis einkauft. Dies gilt, wie die meisten Dinge, natürlich nicht immer. Wenn der Zeitraum insgesamt so liegt, dass alle Investments in eine Hochphase[40] fallen, so werden die Preise auch im Durchschnitt eher zu hoch gewesen sein. Verlängert man diesen Zeitraum aber weiter, so würde man ebenfalls direkt nach der Krise investieren und in den Genuss von sehr geringen Kursen kommen, die durch ihre Unterdurchschnittlichkeit die Überdurchschnittlichkeit vor der Krise ausgleichen könnten[41]. Es bietet sich also an, in die verschiedenen Positionen, die man gemäß der eigenen

---

[39] Dies zählt nicht in den Bereich des „echten" aktiven Investierens, sondern ist lediglich eine risikomindernde Maßnahme, die, je nach Portfolio, dringend angeraten ist.
[40] Beispielsweise kurz vor der Finanzkrise ab 2007.
[41] Exakt hängt dies natürlich immer vom Investment selbst ab, da es auch Kurse gibt, die sich nicht erholen. Je breiter aber diversifiziert wurde, desto eher tritt dieser Effekt über das Gesamtportfolio in Kraft.

Risikoaversion ausgewählt und diversifiziert hat, stückweise zu investieren, damit keine „böse Überraschung" hinter der Ecke lauert und festgestellt wird, dass man ausschließlich in einer Hochphase investiert hat. Das Gute daran ist, dass dies den meisten Personen sogar entgegen kommt, denn die wenigsten haben eine gigantische Menge an Geld und/ oder Zeit [42] zur Verfügung, sondern müssen beides Stückweise aus ihrer Planung herausziehen. Dies kann genutzt werden, indem diese Investments dann auch stückweise zugeordnet werden und man somit über ein großes Zeitfenster hinweg in den Genuss des Cost-Average-Effekts kommen kann.

Ausschüttende und thesaurierende Investments

Grundsätzlich können (finanzielle) Investments in zwei große Kategorien unterschieden werden: Thesaurierende [43] und ausschüttende Investments. Beide haben verschiedene Vor- und Nachteile, auf die in diesem Abschnitt kurz eingegangen werden soll. Es existieren in der Realität auch Mischformen, die ebenfalls kurz erwähnt werden.

---

[42] Der Effekt zielt primär auf finanzielle Investments ab, aber wir haben bereits anfangs festgestellt, dass Zeit Geld entspricht. Daher kann die Argumentation dafür ebenfalls angewendet werden.
[43] Erläuterung im Unterkapitel „Thesaurierende Investments".

Ausschüttende Investments

Ausschüttende Investments bezeichnet die Investmentklasse, welche Erträge sofort zur Verfügung stellt. Ein einfaches Beispiel eines ausschüttenden Investments ist eine Staats- oder Unternehmensanleihe. Diese besitzt üblicherweise eine (feste) Verzinsung, welche zu bestimmten Zeitpunkten an den Besitzer der Anleihe ausgeschüttet wird. Die Höhe der Verzinsung[44] hängt dabei primär von der Gesamtmarktsituation und der Risikosituation des Staats bzw. Unternehmens ab. Ein einmal fertiggestelltes Objekt wie ein Buch, ein Video etc., welches nach der Fertigstellung keinerlei weiterer Pflege bedarf und trotzdem in einer gewissen Regelmäßigkeit Erträge zur Verfügung stellt, fällt ebenfalls in diesen Bereich.

> **Beispiel**
> Das Lernen, Zusammensuchen und das Schreiben dieses Buches hat eine erhebliche Zeit in Anspruch genommen. Nachdem ich es aber einmal geschrieben habe (vorausgesetzt ich überarbeite es nicht), fällt nach der Veröffentlichung keine weitere Arbeit dadurch an.
>
> Jeglicher Ertrag, der durch den Verkauf des Buches generiert wird, ist somit „echtes" passives Einkommen und das Buch dadurch ein ausschüttendes Investment.

---
[44] Und auch des Werts der Anleihe.

Eine Aktie gehört meistens, ebenso wie ETFs[45], in die Kategorie der Mischformen, da sie sowohl Kursgewinne verzeichnen kann, als auch Dividenden ausschütten. Sie werden aber oft fehlerhaft als ausschüttendes Investment beschrieben, wenn eine Dividende gezahlt wird.

Thesaurierende Investments
Investments, die Erträge thesaurieren, nutzen diese, um in der Zukunft hoffentlich umso größere Erträge zu generieren. Ein einfaches Beispiel hierfür ist eine Festgeldanlage, auf welche für eine bestimmte Zeit Geld angelegt wird und welches jedes Jahr Zinsen, also Erträge, generiert. Das Geld wird reinvestiert und im Gegenzug erneut verzinst. Auch einige Unternehmen, vermehrt im Tech-Sektor[46], zahlen keine Dividende, sondern reinvestieren die Gewinne des Unternehmens sofort wieder, um damit langfristig den Unternehmenswert umso mehr steigern zu können. Die Teilhaber des Unternehmens tolerieren dies, da es ihnen langfristig umso höhere Erträge in Aussicht stellt[47]. Thesaurierende Investments haben gegenüber ausschüttenden Investments den Vorteil, dass man sich keine Zeit frei räumen muss, um mit den Erträgen eine neue Investitionsmöglichkeit

---

[45] Exchange-Traded-Funds, börsengehandelte Fonds, die überwiegend passiv verwaltete Indexfonds sind.
[46] Populäre Beispiele sind aktuell Google oder Amazon.
[47] In Form von Dividenden zu einem späteren Zeitpunkt oder einfach nur starken Preissteigerungen der Anteile.

aufzutun, sondern sie vollständig passiv „laufen lassen" kann.

Der Nachteil ist dafür, dass man nicht „echt" passiv in den Genuss der Erträge kommt, sondern Anteile veräußern muss, um auch einen Gewinn zu realisieren. Hält man dann nur wenige Anteile, so kann man diese Realisierung nicht angemessen [48] portionieren, sondern muss sich in eine Richtung entscheiden: Halten oder verkaufen.

> **Beispiel**
> Sie besitzen drei Anteile an einem thesaurierenden ETF, die über eine Zeit von 5 Jahren 50% an Wert gewonnen haben. Wenn Sie in den Genuss dieser Wertsteigerung kommen möchten, müssen Sie mindestens ein Drittel der Gewinne realisieren.
>
> Wenn Sie die anteiligen Erträge Jahr für Jahr ausgezahlt bekommen, stehen diese anders zur Verfügung und fallen leichter unter die Grenze der Freibeträge als bei einer kumulierten Realisierung.

---

[48] Beispielsweise um einen genauen Betrag „frei zu bekommen" oder Steuerfreibeträge optimal auszunutzen.

Ein Beispiel

Nachdem wir uns jetzt mit verschiedensten theoretischen Hintergründen auseinandergesetzt haben, wollen wir versuchen einen Großteil davon in einem praktischen Beispiel auch anwenden zu können. In diesem Beispiel geht es darum ein Auto zu erwerben und welche Variante rein mathematisch sinnvoll ist – aber auch welche Risiken damit eingegangen werden und worauf geachtet werden sollte.

Wir möchten also ein Auto erwerben. Der Einfachheit halber kostet dieses Auto 10.000€, die uns auf unserem zurzeit nicht verzinsten Girokonto zur Verfügung stehen. Die einfachste Variante ist die, die vermutlich jedem sofort in den Sinn kommt: Wir nutzen das Geld auf dem Girokonto und erwerben damit das Auto. Mathematisch gesehen ist dies nicht sinnvoll. Um renditemaximierend zu arbeiten, würden wir uns stattdessen die benötigte Summe an Geld zu einem Zinssatz von beispielsweise 2,00% leihen[49] und das Auto damit erwerben. Die 10.000€ auf dem Girokonto legen wir in einer Position an, die unserem Risikoprofil entspricht. Wir gehen hier davon aus,

---

[49] Wir gehen davon aus, dass wir uns dieses Geld nur zweckgebunden leihen können, damit es mit einem Wert hinterlegt ist. Ansonsten ist es rein mathematisch sinnvoll, sich einen beliebig großen Betrag an Geld zu leihen und anzulegen, solang die dafür geforderten Zinsen nur kleiner sind als die erwartete Rendite, siehe auch Leverage-Effekt.

dass ein ETF auf den S&P 500 dies erfüllt und rechnen mit einer Rendite von 8,00% sowie Kosten von 0,50%.

Haben wir damit alle relevanten Parameter und Risiken abgedeckt? Natürlich nicht. Die meisten ETFs auf den S&P sind nicht währungsgesichert, also haben wir uns zusätzlich ein Währungsrisiko mit in unser Portfolio aufgenommen [50]. Darüber hinaus haben wir uns dem Risiko ausgesetzt, dass wir das Geld zu einem in der Zukunft liegenden Zeitpunkt benötigen, der Kurs aber gerade negativ im Verhältnis zum Einkaufspreis ist, wir also Verluste beim Verkauf machen.

Macht es also Sinn sich diesen zusätzlichen Risiken auszusetzen? Die Antwort ist auch hier natürlich wieder subjektiv, da es auf viele Facetten der Ausgangssituation und das eigene Risikoprofil ankommt, mathematisch gesehen würden wir aber ganz platt gesehen einen Gewinn von

10.000€ x (8,00% - 2,00% - 0,50%) = 550€

pro Jahr machen. Gemeinsam mit dem Zinseszins-Effekt macht dies über einen längeren Zeitraum also einen gewaltigen Unterschied.

---

[50] In der Praxis ist es bei ETFs auf große Indizes problemlos möglich in Verbindung mit höheren Kosten auch eine Währungssicherung zu finden, es geht hier aber um die Illustration des Umstands.

> **Achtung**
> Da es ein extrem wichtiger Umstand ist, kann es nicht oft genug wiederholt werden: Nur weil ein mathematisches Modell eine Handlung nahelegt, muss diese nicht zwangsläufig richtig sein.
>
> Die Qualität eines Modells hängt immer von den Basisdaten ab und beachtet subjektive Präferenzen oft nicht stark genug. Das beste Beispiel dafür ist die Vorstellung, dass laut einfacher Modellierung theoretisch jeder „Geld drucken" könnte, indem er sich Geld leiht und dieses anlegt, weil es im Erwartungswert, also nach Modellierung, funktioniert. Wie viele Geschichten von Personen kennen Sie, bei denen ein solches Verhalten funktioniert hat? Richtig, sehr wenige vermutlich.

Um noch eine persönliche Meinung einzubringen: Mein Risikoprofil ist so ausgeprägt, dass ich keine Investitionen tätigen würde, die ich mir nicht leisten kann. Mathematisch gesehen verzichte ich damit zwar auf einiges an Erträgen, ich kann mein Risiko aber auch auf das eingesetzte Kapital begrenzen – ich kann niemals mehr Geld verlieren als ich eingesetzt habe und kann somit zwar „pleite sein", aber keine Schulden haben[51].

---

[51] Ich verzichte entsprechend auch auf den Einsatz von geleveragenden Produkten ohne Hedge.

Übersicht einiger Investmentmöglichkeiten

In diesem zweiten großen Abschnitt wollen wir uns gemeinsam verschiedene Investments anschauen. Dabei wird grob eine Einteilung in „klassische" und in „neuartige" Investments getätigt, die jeweils in ihren Unterabschnitten deutlicher erläutert werden.

Klassische Investments

In diesem Kapitel soll eine Liste von „altbekannten" Investmentmöglichkeiten, die gut für den Kontext von passivem Einkommen geeignet sind, aufgezählt werden. Altbekannt soll in diesem Zusammenhang bedeuten, dass an der Investmentmöglichkeit wenig Neues zu finden ist; sie wird lediglich vereinfacht dargestellt und einige ihrer Vor- und Nachteile werden erläutert.

Immobilien

Immobilien sind ein sehr klassisches Investment, welches mehr oder weniger bewusst von vielen Personen getätigt wird. Bei einem direkten [52] Investment in Immobilien spielen sehr viele verschiedene Faktoren eine Rolle. Schauen wir uns zunächst einmal die Preisentwicklung von Immobilien

---

[52] Also dem direkten Erwerb von Immobilien im Gegensatz zum indirekten Investment über Beteiligungen an Unternehmen, welche im Immobiliensektor tätig sind.

an. Langfristig steigen die Preise von Immobilien in ihrer Gesamtheit an. Lokal kann dies aber anders sein, da insbesondere Wohnraum in besonders urbanen Räumen sehr stark nachgefragt wird, in strukturschwächeren Gebieten aber deutlich weniger. Vergleichen wir beispielsweise die Preisveränderung von Immobilien im Kerngebiet Münchens mit der von innerhalb des Harzes, so ist schnell zu erkennen, dass, obwohl Immobilien in ihrer Gesamtheit an Wert gewinnen, es durchaus auch Orte gibt, an denen Wertverluste in Kauf genommen werden müssen.

Für ein Investment in Immobilien bedeutet dies, dass oft eine höhere Summe [53] investiert werden muss, damit die Sicherheit einer Wertsteigerung in die Planung mit aufgenommen werden kann. Dies zieht direkt eine weitere Folge nach sich: Die wenigsten Privatpersonen können sich eine komplette Immobilie direkt leisten, weshalb ein Kredit aufgenommen werden muss, also ein Leverage-Effekt eintritt.

Die Werte von Immobilien korrelieren stark mit den am Markt angebotenen Zinskonditionen. Wenn die Zinsen niedrig sind, steigen die Preise von Immobilien, da zum einen ein risikoärmerer Hebel für Immobilien gefunden werden kann und zum anderen

---

[53] Immobilien in urbanen Ballungsgebieten, also oft strukturstarken größeren Städten, kosten natürlich deutlich mehr als solche in denen „niemand wohnen möchte".

das Anlegen von Vermögen in Zinsen weniger attraktiv ist.

Vorteile von Immobilien sind eindeutig, dass sie, wenn wir davon ausgehen, dass die Immobilie in einem Ballungsraum steht, tendenziell langfristig im Wert steigen. Totalverluste sind auch mehr oder weniger auszuschließen, da die Bausubstanz immer einen Wert hat[54].

Ein großes Problem von Immobilien ist, dass diese punktuell gekauft werden und somit kein Cost-Average-Effekt genutzt werden kann. Wenn das Investment in einer Hochphase getätigt wird, zahlen wir unter Umständen einen etwas zu hohen Preis und haben nicht die Möglichkeit dies zu strecken. Darüber hinaus sind Immobilien wie bereits erwähnt kostspielig und nehmen, wenn sie direkt gehalten werden, somit einen großen Anteil am eigenen Portfolio ein, unsere Diversifikation leidet somit.

Da wir in Ballungsgebieten aber durch die Betrachtung der Vergangenheit von Preissteigerungen, mindestens aber von einem

---

[54] Und dieser mit einer Versicherung ausgestattet nicht von einem Tag auf den anderen verschwindet, sondern dadurch höchstens von der Form Immobilie in Cash umgewandelt wird. Eine Versicherung ist in diesem Sinne ein Hedge gegen gewisse Risiken – wie immer zu einem gewissen Preis.

Preiserhalt [55] ausgehen können, macht dies Immobilien für einen langen Zeithorizont zu einem relativ sicheren Investment.

Wenn die Immobilie nicht privat genutzt werden soll, kann sie natürlich vermietet werden. Je nach Standort kann die damit erzielte Bruttorendite variieren. Oft gilt: Je sicherer der Wertzuwachs der Immobilie, desto geringer die Rendite durch Vermietung. In größeren Städten kann diese durchaus unter 3% liegen, in strukturschwachen Gemeinden teilweise sogar über 10%. Gerade bei Immobilien und deren Vermietung muss allerdings auf einige Punkte geachtet werden.

Da hier nur eine kurze Übersicht erstellt werden soll, fokussieren wir uns auf die zwei wesentlichen Punkte:

1. Das Vermieten kann mit erheblichem Aufwand verbunden sein.
2. Es entstehen weitere Kosten.
3. Es gibt Unabwägbarkeiten.

Zum ersten Punkt kann gesagt werden, dass der Aufwand zum einen von der Immobilie abhängen kann, zum anderen aber auch vom Mieter. Die Auswahl des Mieters kann zum Teil gesteuert werden, aber es ist durchaus möglich sich „zu vergreifen" und

---

[55] Es kann durchaus passieren, dass die Preise über einen gewissen Zeitraum stagnieren, Wertverluste sind in Ballungsgebieten über längere Zeithorizonte aber nicht zu beobachten.

Passives Einkommen | 53

so mit einem großen Aufwand konfrontiert zu sein. Die Dienstleistung des „Kümmerns" kann an Verwaltungsunternehmen outgesourced werden, dies schmälert aber natürlich die Rendite – man sollte sich in diesem Kontext Gedanken um Opportunitätskosten machen.

Der zweite Punkt kann mit dem ersten Punkt zusammenhängen, wenn die Immobilie Probleme aufweist. Reparaturen etc. kosten ganz einfach Geld. Eine Faustregel sagt, dass ca. 1% des Immobilienwertes jedes Jahr für Reparaturarbeiten zurückgelegt werden sollte, somit kann die Rendite deutlich geschmälert werden, wenn beispielsweise ca. 3% Rendite über Vermietung eingenommen werden. Darüber hinaus ist nicht der volle Teil der Nebenkosten auf den Mieter umzulegen und es entstehen auch hier weitere Kosten, dazu kommen noch Kosten für Versicherungen[56] und nicht zuletzt fallen Fixkosten wie Grunderwerbssteuer und Notarkosten an, die nicht zu vernachlässigen sind.

Zum dritten und letzten Punkt können beispielsweise Leerstand oder ein nicht zahlender Mieter angeführt werden, die mit in die Kalkulationen mit aufgenommen werden müssen.

Zusammenfassend kann also gesagt sein, dass eine Immobilie in einem Ballungsgebiet zwar eine recht sichere Anlage darstellt, diese aber bei weitem nicht so perfekt sein muss, wie dies gerne manchmal dargestellt wird.

---

[56] Die teilweise verpflichtend sind.

Factsheet: Immobilien

Pro:

- Ein relativ sicheres Investment
- Kann bei Vermietung laufende Erträge generieren
- Kann gute Wertzuwächse generieren
- Einfache und vergleichsweise sichere Nutzung eines Leverage-Effekts

Contra:

- Geringe Liquidität
- Hohe Fixkosten beim Kauf, d.h. echter Wertzuwachs erst nach längerer Haltezeit
- Durch hohe Kosten eine starke Konzentration des Portfolios und somit eine sehr geringe Diversifikation

Hinweise:

- Es wird von Immobilien in Ballungsgebieten ausgegangen

Zusammenfassung:
Immobilien sind generell ein sehr gutes Investment, können aber einige Fallstricke mit sich bringen, die bedacht werden müssen. Oft lohnen sich Immobilien insbesondere dann, wenn sie anfangs zur Eigennutzung verwendet werden und später dann als Mietobjekt, beispielsweise weil man der Immobilie entwachsen ist.

Aktien

Aktien sind eine häufig genutzte Form der Anlage und werden von Aktiengesellschaften, kurz AGs, mit einem IPO[57] an den Markt/die Börse gebracht. Das Unternehmen verfolgt damit das Ziel, sein Kapital zu erhöhen, um beispielsweise expandieren zu können. Die Käufer erhalten im Gegenzug einen Anteil bzw. eine Eigentümerschaft an diesem Unternehmen, der von der Anzahl der ausgegebenen Aktien abhängt[58].

Als privater Investor, der Unternehmensanteile in Form von Aktien hält, verspricht man sich selbstverständlich auch etwas davon. Diese Erwartungshaltung kann aber keinesfalls über einen Kamm geschert werden, denn alle Aktien gleichsetzen zu wollen, wäre eine fatale Fehleinschätzung[59].

Aktien gibt es in so vielen verschiedenen Formen, wie es auch Unternehmen gibt, es ist also möglich mit unterschiedlichen Aktien auch völlig andere Ziele zu verfolgen.

Es kann dabei eine große Anzahl an Dimensionen und Kennzahlen mit in die Betrachtung aufgenommen werden. Da das Ziel dieses Buches aber nicht ist, sich primär mit Unternehmensanalyse an der Börse zu

---

[57] Initial Public Offering, ein erstes öffentliches Angebot.

[58] Gibt ein Unternehmen 100 Aktien aus, entspricht jede Aktie 1% Eigentümerschaft. Die Anzahl der Aktien größerer Unternehmen ist aber oft deutlich höher, die Allianz hat beispielsweise über 450 Mio. Aktien ausgegeben.

[59] Vgl. dazu auch die Erläuterungen bei ausschüttenden und thesaurierenden Investments.

beschäftigen[60], soll lediglich ein Überblick ermöglicht und der Bogen zu den vorherigen Kapiteln geschlagen werden.

Beginnen wir also zunächst mit unserer Erwartungshaltung an unsere Unternehmensbeteiligung. Angenommen es ist uns wichtig, dass unsere Anlage eine hohe Sicherheit hat und eine laufende Verzinsung mit sich bringt. Die hohe Sicherheit wird durch viele verschiedene Faktoren definiert.

Eine Möglichkeit ist die Größe des Unternehmens[61], da beispielsweise Apple mit einer relativ großen Wahrscheinlichkeit nicht in den nächsten Jahren Insolvenzanmelden wird[62], ein Unternehmen mit einer deutlich geringeren Größe aber aufgrund von „schlechten Jahren" durchaus Probleme bekommen könnte[63].

Neben der Größe des Unternehmens ist auch die zukünftige Relevanz des oder der abgedeckten Märkte wichtig. Natürlich kann jedes Unternehmen in diesem Bereich eine Evolution vollführen und sich

---

[60] Dazu gibt es bereits sehr viel Literatur, die inhaltlich den Rahmen dieses Buches sprengen würde.

[61] Dies gilt nicht immer, da auch sehr große Unternehmen, die es verschlafen haben, sich zukunftsorientiert zu entwickeln, in Schieflage geraten können.

[62] Das bedeutet aber nicht automatisch, dass auch die Höhe des Investments stabil ist.

[63] Dies liegt auch daran, dass ein großes Unternehmen meist deutlich diversifizierter aufgestellt ist als ein kleines.

Passives Einkommen | 57

auch neue Märkte erschließen, meist wird aber die Kernkompetenz eines Unternehmens relativ stabil sein.

Während heutzutage jeder unterschreiben würde, dass z.B. Samsung auch in der Zukunft noch eine wichtige Rolle in der Weltwirtschaft einnehmen wird, gibt es bei „bedrohten" Branchen teilweise Zweifel[64]. Gewisse Eigenschaften, die manche Unternehmen halten, beispielsweise der eines „Dividenden-Aristokraten"[65], sind ebenfalls Hinweise, an denen sich orientiert werden kann, da diese von Seiten des Unternehmens gerne gehalten werden möchten[66].

Zur Abgrenzung von den eben genannten Präferenzen kann unsere persönliche Risikoeinstellung auch so ausgeprägt sein, dass wir ein hohes Risiko eingehen möchten, um unseren Gewinn hoffentlich zu optimieren. In diesem Kontext suchen wir keine Aktien, welche stetig über

---

[64] Beispielhaft sei hier „Retail", also Direktverkauf, genannt. Amazon hat bereits einen großen Anteil am Retail-Geschäft verdrängt und viele Prognosen deuten auf eine Verschärfung dieser allgemeinen Verdrängung hin, beispielsweise durch Direktlieferungen per Drohnen etc.

[65] Ein Unternehmen, welches mindestens 25 Jahre in Folge die Dividende niemals verringert hat.

[66] Ein aktuelles Beispiel ist die Münchener Rückversicherung, die aufgrund hoher Schadenbelastungen einen deutlichen Gewinneinbruch erlitten hat, trotzdem aber vermutlich eine hohe Dividende auszahlen wird, um diesen Status halten zu können.

Dividenden Gewinne ausschütten, sondern solche, die hohe Kursgewinne in Aussicht stellen – wir würden also völlig andere Kennzahlen zu Rate ziehen.

Wie eingangs erwähnt, können noch weitere Faktoren mit in die Betrachtung einfließen[67], eine vollständige Betrachtung würde aber den Rahmen sprengen. Meine persönliche Empfehlung wäre in diesem Kontext aber immer die, dass sich vor einem Investment sehr gut darüber informiert werden sollte und ein echtes Verständnis über das eingegangene Risiko existiert. Es bietet sich also an hier noch weiterführende Literatur[68] zu konsultieren.

> **Achtung**
> Mit Aktien kann man sehr viel richtig, aber auch sehr viel falsch machen. Grundsätzlich sind Aktien aber ein sehr gutes und insbesondere auch barrierearmes Vehikel, mit dem jeder leicht investieren kann.
>
> Gerade weil es relativ barrierearm ist, ist es umso wichtiger, sich gut zu informieren und nicht auf „Geheimtipps" oder ähnliches zu hören. Prüfen Sie Ihre Investments sehr genau und investieren Sie nur dann, wenn Sie wissen, was Sie tun.

---

[67] Beispiele wären Payout-Ratio, Kurs-Gewinn-Verhältnis (KGV), Earnings per share (EPS) usw.
[68] Bspw. "Intelligent Investieren" von Benjamin Graham.

Factsheet: Aktien

Pro:

- Sehr flexible Anlagevariante in Abhängigkeit des Unternehmens
- Kann nach Kauf passives Einkommen über Dividenden generieren
- Kann gute Wertzuwächse generieren
- Meistens eine recht hohe Liquidität

Contra:

- Beim Kauf einzelner Aktien sollte vorher eine genaue Analyse stattfinden
- Teilweise eine hohe Volatilität, d.h. es muss Sitzfleisch vorhanden sein, um kurzfristige Kursverluste auszuhalten

Hinweise:

- Alle Aktien über einen Kamm zu scheren ist nicht sinnvoll

Zusammenfassung:
Aktien sind ein sehr vielseitiges Instrument, mit dem langfristig einiges erreicht werden kann. Mit etwas Aufwand kann aus Einzelpositionen ein diversifiziertes und starkes Portfolio aufgebaut werden, welches den eigenen Interessen- und Risikoschwerpunkt widerspiegelt. Mit einer vorherigen Information können Aktien das Rückgrat für passives Einkommen darstellen.

Exchange-Traded-Funds (ETFs)

ETFs wurden in diesem Buch bereits in einigen Fällen als Beispiel herangezogen. Um den Kontext kurz herzustellen: Ein ETF ist zunächst nicht mehr als nur ein börsengehandelter Fond. Meist wird implizit von passiv verwalteten Fonds gesprochen, wenn die Abkürzung ETF verwendet wird. Der Unterschied zwischen passiv und aktiv verwalteten Fonds liegt darin, wie die beinhalteten Werte verwaltet werden.

Bei passiven Fonds wird oft ein Index zu Grunde gelegt, beispielsweise der DAX, und in einem spezifischen Zyklus werden die Werte an die neue Verteilung angepasst. Bei einem aktiv verwalteten Fond werden die beinhalteten Werte nicht nur zyklisch angepasst, sondern, wie der Name bereits sagt, aktiv gemanaged.

Dieser Unterschied ist oft auch direkt im Preis zu erkennen. Einige passive ETFs können mit äußerst geringen Kostenquoten[69] aufwarten, während aktive gemanagte Fonds oft bei Kostenquoten von ca. 2% liegen. Darüber hinaus fällt manchmal eine Gewinnbeteiligung[70] und/oder ein Ausgabeaufschlag[71] an.

---

[69] Teilweise unterhalb von 0,1%.
[70] Teilweise bis zu 20%.
[71] Oft verwendet sind 5% plus Mehrwertsteuer, also 5,95%.

Passives Einkommen | 61

Da es nur sehr wenigen aktiv gemanagten Fonds langfristig gelingt, den Markt zu schlagen[72], befassen wir uns im weiteren Verlauf lediglich mit passiven gemanagten Fonds[73], die wir der Einfachheit halber mit dem landläufigen Begriff ETF betiteln werden.

Ein ETF stellt oft eine spezifische Anlagestrategie dar, in die man investieren kann. Diese Strategie kann beispielsweise wie oben erwähnt die Nachbildung eines bestimmten Index sein, aber auch einer eigenen Strategie folgen, seien es festverzinsliche Wertpapiere mit hohen Renditen[74], ausgewählte Unternehmen eines bestimmten Sektors[75] oder einfach Unternehmen, die gewisse Kennzahlen erfüllen[76].

Wie bereits zu vermuten, existiert also eine relativ große Anzahl[77] an verschiedenen ETFs, die jeweils eine mehr oder weniger individuelle Anlagestrategie verfolgen. Ähnlich wie bei Aktien kann also nicht pauschal gesagt werden, welche Rolle ein ETF im

---

[72] Über einen Zeitraum von 5 Jahren liegen 80% der aktiv gemanagten Fonds unter ihrem Benchmark, über einen Zeitraum von 10 Jahren hinweg sogar 86%. In diesen Zahlen sind die Kosten für die Verwaltung einberechnet.
[73] Das bedeutet nicht, dass aktiv gemanagte Fonds keine Daseinsberechtigung besitzen, für den normalen Verbraucher sind sie aber eher uninteressant.
[74] Sogenannte High-Yield-Bonds.
[75] Bspw. Artificial Intelligence und Robotics.
[76] Bspw. Dividendenrendite und –entwicklung o.Ä.
[77] Im Jahr 2016 beinahe 5.000.

Portfolio einnimmt, es können aber problemlos einige Vor- und Nachteile gelistet werden.

Der größte Vorteil von ETFs ist vermutlich, dass über den Kauf einer einzelnen Position eine teilweise sogar sehr große Diversifikation erreicht werden kann, da ein ETF aus sehr vielen verschiedenen Einzelpositionen besteht. Darüber hinaus kann in ein einzelnes Marktsegment oder eine Strategie investiert werden, ohne das vollständige Kenntnis aller im Markt vertretenen Unternehmen nötig ist – der ETF erledigt dies für den Anleger. Wenn ein ETF manuell „nachgebaut" werden sollte, indem die einzelnen Positionen einzeln gekauft werden, so entsteht darüber hinaus für Kleinanleger ein Kostenvorteil, da die Transaktionskosten für eine größere Anzahl an Einzelpositionen aufgrund von Fixkosten deutlich höher anfallen würden. Als letztes aufgeführtes Argument sei noch erwähnt, dass die Allokation des Portfolios durch einen Verkauf nicht verändert werden muss[78].

Nachteile sind auf der anderen Seite die Fixierung auf eine Anlagestrategie[79], welches oft auch das Halten von eher unerwünschten Beteiligungen beinhaltet sowie die entstehenden laufenden Kosten. Im Gesamtkontext sind ETFs für Kleinanleger damit eine der, wenn nicht die, beste Anlageform.

---

[78] Der Verkauf eines Anteils ändert den ETF intern nicht.
[79] Innerhalb des ETFs, über das Gesamtportfolio kann natürlich weiter diversifiziert werden.

Factsheet: ETFs

Pro:

- Kann nach Kauf passives Einkommen über Dividenden generieren
- Kann gute Wertzuwächse generieren
- Meistens eine recht hohe Liquidität
- Oft sehr breite Diversifikation innerhalb einer einzelnen Position
- Abdeckung von Segmenten ohne Kenntnis aller Marktteilnehmer

Contra:

- Es entstehen laufende Kosten für das Halten von ETFs
- Teilweise Halten von „unerwünschten" Positionen

Zusammenfassung:
ETFs sind sehr vielseitig und es gibt durch die inzwischen hohe Anzahl vermutlich für die meisten Anlagestrategien sinnvolle ETFs. Gerade für Kleinanleger sind diese eins der besten möglichen Investments, da sie trotz beschränktem Kapital weiter diversifiziert und einfach zu erwerben sind sowie die anfallenden Kosten im Verhältnis dazu vernachlässigbar gering sind.

Die Wahl von ETFs sollte unabhängig davon fundiert und auch unter Einbezug dieser laufenden Kosten getroffen werden.

64 | Übersicht einiger Investmentmöglichkeiten

Zertifikate
Die Anlagewelt hält einen beinahe unüberschaubaren Rahmen an weiteren Möglichkeiten vor. Dazu gehören neben den bereits erwähnten beispielsweise Zertifikate jeder Art, die in ihrer Ausgestaltung völlig unterschiedlich sein können.
Da es leider nicht möglich ist, hier einen abschließenden Überblick zu verschaffen, sollten wir uns mit einigen Grundgedanken begnügen:
Zertifikate sind oft etwas komplexer in ihrer Ausgestaltung. Das bedeutet häufig, dass der erste Blick auf die Produktinformationen detailliert hinterfragt werden sollte, ein Beispiel dazu ist auf der nächsten Seite aufgeführt.

In diesem Kontext greift Buffets alte Regel:

„Investiere niemals in ein Geschäftsmodell, dass du nicht verstehst."

- Warren Buffett

Lesen Sie also alle Inhalte sehr genau. Oft gibt es Einschränkungen, versteckte Kosten etc. die das Zertifikat etwas weniger attraktiv machen, als es zunächst erscheint. Auch hier gilt wieder, dass etwas, das wirkt, als wäre es zu schön um wahr sein, dies vermutlich auch ist.

> **Beispiel**
> Es gibt oft Zertifikate, die eine Verzinsung je nach Kurs eines zu Grunde liegenden Wertes anbieten.
>
> Dies kann entweder eine feste Verzinsung sein, die nur dann ausgezahlt wird, wenn in spezifischen Zeiträumen gewisse Bedingungen (nicht) eintreten oder eine feste Verzinsung, die dann aber oft daran gebunden ist, dass eine Endauszahlung in Form des zu Grunde liegenden Wertes geschieht.
>
> Solche Zertifikate sollten sehr genau studiert werden, damit nicht im Nachgang „Überraschungen" auftreten.

Eine Sorte Zertifikat möchte ich nicht unerwähnt lassen, weil sie zwischen ETFs und aktiv gemanagten Fonds agiert: wikifolios.
Dies sind aktiv gemanagte „Fonds", welche über die Plattform wikifolio laufen. Sie werden von Tradern aufgesetzt und verwaltet und haben eine feste Gebühr von etwas unter einem Prozent[80] sowie eine vom Trader individuell festsetzbare Performancegebühr[81]. Hier gibt es, meiner Ansicht nach, es sehr teure Varianten, die sich dadurch für mich selbst

---

[80] Die sogenannte Zertifikate-Gebühr von z.Zt. 0,95% p.a.
[81] Z.Zt. zwischen 5% und 30%, die nach dem "Highwatermark-Prinzip" lediglich auf das Erreichen neuer Höchststände (auf Jahressicht) anfällt.

ausschließen. Andererseits gibt es aber auch eine Vielzahl an wikifolios mit einer Performancegebühr von lediglich 5%.

Warum erwähne ich dieses Zertifikat explizit? Da die verfolgten Strategien deutlich individueller als bei den meisten ETFs sind, kann es sich lohnen, als Hedging-Instrument hier eine Position aufzubauen, auf die wir ansonsten in dieser Form keinen so leichten Zugang bekommen würden[82].

Auch hier gilt natürlich wieder: Die Strategie sollte genau gelesen und verstanden werden, die Kosten sollten nicht zu hoch sein [83] und es sollte keine bessere Variante einer identischen Strategie in günstigerer Form, bspw. also in Form eines ETFs geben.

Sollten all diese Faktoren stimmen, kann eine Position durchaus Sinn machen, um das Portfolio maximal zu diversifizieren und noch an neuen Anlagestrategien zu partizipieren[84].

---

[82] Bspw. die Möglichkeit den Markt zu "shorten", also herunter gebrochen: von fallenden Kursen zu profitieren.

[83] Hier ist eine Einschätzung natürlich individuell. Ich persönlich empfinde die 0,95% p.a. Gebühr als hoch, aber nicht zu zwingend zu hoch, und würde darüber hinaus max. eine Performancegebühr von 10% bezahlen.

[84] Darüber hinaus gibt es noch weitere Gründe, die dieses Zertifikat in einigen Konstellationen zu einer guten Investitionsmöglichkeit machen. Ich empfehle im Zweifelsfall sich diese Punkte im Kontext einer genauen Analyse direkt an der entsprechenden Quelle anzulesen.

Factsheet: Zertifikate

Pro:

- Sehr vielseitig, mit nahezu unbegrenzten Möglichkeiten
- Können zur Ergänzung der Anlagestrategie genutzt werden
- Können zur Absicherung genutzt werden
- Eröffnen völlig neue Anlageformen
- Mögliche Nutzung eines Leverage-Effekts, häufig mit Begrenzung des Verlustrisikos auf einen Totalverlust

Contra:

- Hohe Kenntnisse des Zertifikats nötig
- Hohes Verständnis der Terminologie und aller Randbedingungen nötig
- Häufig ein deutlich aktiveres Investment als andere Anlageformen

Zusammenfassung:
Zertifikate können das eigene Portfolio bereichern und in vielfältiger Art und Weise unterstützen. Voraussetzung dafür ist aber oft eine profunde Kenntnis des Marktes, des Zertifikates und darüber hinaus noch weiterer Randbedingungen. Zertifikate eignen sich, mit wenigen Ausnahmen, nur für erfahrene Investoren. Einsteiger sollten zunächst konservativer anlegen.

Die Kosten von Informationen

Wir haben uns nun mit einigen Anlageformen am niederschwelligen Kapitalmarkt auseinandergesetzt und erlauben es uns, noch einmal zurück zum Thema der Opportunitätskosten zu kommen.

Während die Informationen zu verschiedenen Anlagestrategien heutzutage meistens kostenlos zugänglich sind, muss doch zur Vorbereitung einer Investmententscheidung investiert werden: Die Zeit zur Informationsbeschaffung. Jetzt steht die Frage im Raum, ob es auf individueller Basis im Kontext von Opportunitätskosten sinnvoller ist, sich diese Informationen zu besorgen und die Investments selbst zu tätigen oder einen passiven Weg über bspw. Sparbeiträge und Sparpläne zu verfolgen.

Es gibt hier natürlich keine eindeutige Antwort, daher erlaube ich es mir, einige Annahmen zu treffen:

- Wir gehören nicht zu den 5% der Personen, die dazu in der Lage sind, den Markt zu schlagen.
- Wir investieren in eher überschaubaren Größenordnungen, sodass die Transaktionskosten für uns noch ein Ärgernis sind.
- Wir beschäftigen uns nicht in unserer Freizeit oder im Kontext unserer Arbeit freiwillig mit dem Markt.

Passives Einkommen | 69

Wenn diese Punkte zutreffen, so würde ich davon ausgehen, dass es Sinn macht, den Investmentprozess passiv laufen zu lassen, da Sie nicht nur die Zeit sparen, sondern oft auch noch Transaktionskosten [85]. Da wir den Markt nicht schlagen, verzichten wir durch die Passivität des Prozesses auch nicht auf enorme Gewinne.

Sollten Sie damit zu dem Schluss gekommen sein, dass es für Sie Sinn macht, diesen Prozess passiv zu gestalten, so können Sie dies mit wenigen Schritten tun:

1. Legen Sie ihren aktuellen monatlichen Sparbeitrag fest.
2. Legen Sie Ihre Anlagestrategie fest.
3. Suchen Sie ein Depot, welches möglichst kostengünstige oder sogar kostenlose Sparpläne für Ihre Anlagevehikel anbietet[86].
4. Eröffnen Sie Ihr Depot.
5. Richten Sie einen Dauerauftrag auf Ihr Depot ein.
6. Richten Sie die Sparpläne in Ihrem Depot ein.
7. Setzen Sie einen Zyklus fest, innerhalb dessen Sie diesen Prozess wiederholen.

---

[85] Sparpläne haben häufig deutlich günstigere Konditionen bzw. sind bei einigen Anbietern sogar komplett kostenlos.
[86] In diesem Kontext bieten sich wieder ETFs an, da wir darauf angewiesen sind, dass es Sparpläne gibt.

Übersicht einiger Investmentmöglichkeiten

Dies könnte dann z.B. so aussehen, dass Sie sich zunächst einmal durchgerechnet haben, was für ein Budget Sie aktuell zum Investieren zur Verfügung haben. Wir gehen einmal von 100€ im Monat aus.

Danach legen Sie sich auf einen[87] Index fest, sagen wir einmal den S&P 500. Sie recherchieren einige ETFs auf diesen Index und finden einen, der mit geringen Kosten überzeugen kann und für den es ein Depot mit Sparplan gibt, welches diesen sogar kostenlos anbietet.

Sie eröffnen ein Depot und richten danach einen Dauerauftrag von 100€ pro Monat ein, der sich automatisch kurz nach Geldeingang durch Einkommen ausführt. Wir gehen davon aus, dass die Mindestsumme für Sparpläne im Depot bei 50€ liegt. Dies ermöglicht es uns, mit den 100€, die zur Verfügung stehen, zwei Sparpläne auf den gleichen ETF zu jeweils 50€ abzuschließen, einen zum 1. und einen zum 15. jeden Monats. Dies ermöglicht eine bessere Nutzung des Cost-Average-Effekts.

Mit diesem überschaubaren Aufwand partizipieren wir bereits stark an der Entwicklung des Kapitalmarktes.

Wenn wir jetzt noch darauf achten, dieses Setup zyklisch zu überprüfen und nach Bedarf anzupassen, haben wir schon einen entscheidenden Schritt getan!

---

[87] Theoretisch könnten wir natürlich auch mehrere Indizes wählen, aufgrund von Einfachheit des Beispiels und der Tatsache, dass es häufig Mindestsummen für Sparpläne gibt, nutzen wir hier aber zunächst nur einen.

Unternehmensbeteiligungen

Eine Beteiligung an einem Unternehmen kann im ersten Schritt wie eine Aktie verstanden werden[88], für einen finanziellen Gegenwert können wir einen Anteil an einem Unternehmen erwerben.

Dies stattet uns, je nach Form des Unternehmens, mit gewissen Rechten und Pflichten aus. Insofern ist es wichtig, sich auch mit der Form des Unternehmens auseinander zu setzen, an dem sich beteiligt werden soll[89]. Während es natürlich im Detail sehr viele kleinere Unterschiede geben kann, möchte ich insbesondere auf einen hinweisen: Personengesellschaften, beispielsweise eine Gesellschaft bürgerlichen Rechts, kurz GbR, besitzen im Gegensatz zu Kapitalgesellschaften, beispielweise einer Gesellschaft mit beschränkter Haftung, kurz GmbH, eine Nachschusspflicht. Dies bedeutet, dass, sollte das Unternehmen in irgendeiner Art und Weise Schulden anhäufen, die nicht mehr vom Unternehmen selbst getilgt werden können, die dahinterstehenden Privatpersonen in die Haftung genommen werden. Es ist also, um in unserer bisherigen Sprache zu bleiben, möglich, dass unser Investment mehr als einen

---

[88] Praktisch ist es andersherum, eine Aktie ist eine Unternehmensbeteiligung. Da Aktien im Normalfall aber deutlich leichter zu erwerben sind, haben wir sie zuerst betrachtet.

[89] Dies ist bei Aktien insofern nicht nötig, da alle Unternehmen, die Aktien ausgeben automatisch Aktiengesellschaften, kurz AGs, sind und somit die gleichen Rechte und Pflichten mit sich bringen.

Totalverlust[90] zur Folge hat. Diese Information sollte immer bedacht werden, bevor eine Entscheidung hinsichtlich einer Beteiligung getroffen wird.

Davon ab gelten die gleichen Grundsätze wie sonst auch: Verständnis des Geschäftsmodells und der Risiken, die damit zusammenhängen, Erwartungen an die Rendite im Kontext des Risikos etc.

Was gibt es noch für Unterschiede? Zunächst einmal ist der Markt für direkte Unternehmensbeteiligungen alles andere als niederschwellig. Den wenigsten Menschen öffnet sich überhaupt die Möglichkeit, sich an einem Unternehmen direkt zu beteiligen – der Markt wird von darauf spezialisierten Gesellschaften[91] dominiert, deren Netzwerk und zur Verfügung stehendes Kapital ihnen ganz andere Gelegenheiten verschaffen. Der zweite Punkt ist ebenfalls nicht zu unterschätzen: Die meisten Unternehmensstrukturen erfordern einen Gang zum Notar, entsprechende Eintragungen im Handelsregister und weiteres, wenn sich die Besitzstruktur eines Unternehmens ändern sollte. Dies hat zur Folge, dass es sich überhaupt nur

---

[90] Ein Beispiel aus der näheren Vergangenheit wäre der Niedergang von Schlecker.
[91] Private Equity- bzw. Venture-Capital-Gesellschaften, deren Fokus nicht an der Börse gelistete Unternehmen in unterschiedlichen Phasen ihrer Entwicklung sind - bereits etablierte im Kontext von Private Equity und Start Ups im Kontext von Venture Capital.

„lohnt" dies zu tun, wenn hinter dem Investment eine größere Summe steht.

Das klingt alles zunächst erst einmal schwierig und tendenziell eher problematisch. Warum sollten wir uns also überhaupt direkt an einem Unternehmen beteiligen und wie würden wir eine entsprechende Möglichkeit finden können?

In den meisten Fällen wird sich ein solches Unternehmen eher im etwas risikoreicheren Bereich aufhalten, da sie unter anderem größenbedingt noch völlig anderen Risiken ausgesetzt sind. Dies bringt mit sich, dass, wenn es sich um ein lohnendes Investment handelt, die erwartete Rendite auch höher ist. Wir können das an einem Beispiel illustrieren.

> **Beispiel**
> Ein Unternehmen besitzt im Jahr einen Umsatz von 100.000€, der über insgesamt 5 Großkunden generiert wird. Davon bleiben nach Abzug aller Kosten ca. 5%, also 5.000€ als Gewinn übrig.
>
> Obwohl wir einen Gewinn unterhalb des Standard & Poor's-Durchschnitts haben, kann das Unternehmen durch den Zugewinn nur eines Kunden den Gewinn um 20% steigern. Ein entsprechendes Wachstumspotenzial bietet ein Unternehmen, welches bereits 1.000 Großkunden hat eher nicht mit – 200 Großkunden „passieren" nicht einfach.

Zum anderen bringt der Besitz einer solchen Beteiligung meist auch eine andere Art der Mitbestimmung mit sich. Obwohl das Grundprinzip der Mitbestimmung auch für Aktionäre gilt [92], ist es unrealistisch als Privatperson eine derart große Menge von Unternehmensanteilen zu halten, dass dies auf eine „echte" Mitbestimmung hinausläuft. Wenn wir im Gegenzug 30% eines Unternehmens besitzen, so wird unseren Bedenken anders zugehört, sollten wir sogar über 50% halten dürften wir im Zweifel Entscheidungen sogar forcieren – bspw. einen Geschäftsführer abberufen oder vergleichbares.

Schwierig bleibt trotzdem die Frage, wie wir überhaupt an die Möglichkeit einer Beteiligung kommen. Hier möchte ich gerne wieder auf das eigene „erweiterte" Netzwerk und ähnliche Strukturen [93] verweisen. Wir leben in einer Zeit von Gründungen und vielleicht kennt man selbst, oder jemand den man kennt jemanden, der beispielsweise einen Teil seines finanziellen Risikos hedgen möchte oder ähnliches. Darüber hinaus besteht zumindest theoretisch die Möglichkeit, über entsprechende Internetseiten Kontakt aufzubauen, hier möchte ich aber zur Vorsicht raten, da dies oft nur vordergründig sinnvoll erscheint und oft eher Marketingaspekte bedient.

---

[92] Die Aktien direkt und nicht beispielsweise über ETFs halten.
[93] In vielen Städten gibt es entsprechende Interessengruppen, in die man sich einbringen kann.

Factsheet: Unternehmensbeteiligung

Pro:

- Wenn die Beteiligung „erfolgreich" ist, so können sehr hohe Gewinne erzielt werden
- Laufende Ausschüttungen von Gewinnen, ähnlich wie bei Dividenden, sind möglich
- Die Chance auf „echte" Mitbestimmung besteht

Contra:

- Sehr schwierig entsprechende Beteiligungsmöglichkeiten zu bekommen
- Hohes Risiko
- Geringe Liquidität
- Hohe Transaktionskosten
- Hohe Konzentration von Kapital

Zusammenfassung:
Die Beteiligung an einem Unternehmen ist ein zweischneidiges Schwert. Sie kann extrem erfolgreich verlaufen und damit ein fantastisches Investment darstellen, es gibt aber auch viele Gründe warum dies nicht funktionieren kann. Für die meisten Personen ergibt sich eine entsprechende Beteiligungsmöglichkeit ohnehin sehr selten und ist deshalb nahezu irrelevant, aber sollte sie sich ergeben, so ist eine genaue Analyse des Unternehmens bzw. der Unternehmensplanung unersetzlich.

Unternehmensgründung

Als letzte der klassischen Investmentmöglichkeiten habe ich uns die Königsdisziplin, die Unternehmensgründung, aufgehoben. Sie unterscheidet sich vor allem in einem Punkt von anderen Investmentmöglichkeiten, denn sie ist alles andere als passiv. Ein Unternehmen zu gründen, bedeutet Aufwand. Es zu führen, weiterzuentwickeln und wachsen zu lassen und noch viel mehr. Das erste eigene Personal einstellen, Kunden akquirieren usw. – eine abschließende Liste kann nicht erstellt werden, da die Tätigkeiten auch vom jeweiligen Geschäftsmodell abhängen, klar ist aber immer: Es steht ein großer Aufwand dahinter[94].

Was hat eine Unternehmensgründung also mit passivem Einkommen zu tun? Die Antwort liegt auf der Hand: Wenn ein Unternehmen einen gewissen Punkt erreicht hat, kann es möglich sein, sich selbst aus der Gleichung zu ziehen. Das bedeutet also, dass wir ein Unternehmen aufgebaut haben, um an einem späteren Punkt uns selbst zu ersetzen – durch einen anderen Geschäftsführer oder ein automatisiertes System[95].

---

[94] Wir gehen in diesem Fall davon aus, dass wir auch die Geschäftsführung übernehmen. Sollten wir das nicht tun, dann gelten die im vorherigen Kapitel aufgeführten Punkte.

[95] Zu diesem Thema empfehle ich das Buch „Die vier Stunden Woche" von Timothy Ferriss.

Passives Einkommen | 77

Dies setzt natürlich voraus, dass das Unternehmen genug Gewinn „abwirft", dass die Ressourcen zur Verfügung stehen, um dies auch zu tun.

Der Prozess, an diesen Punkt zu kommen, kann sehr unterschiedlicher Natur sein und hängt auch vom Geschäftsmodell ab und soll an einem Beispiel illustriert werden.

> **Beispiel**
> Eine Person ist Dachdecker und gründet ein Dachdeckerunternehmen, welches entsprechende Dienste für andere Unternehmen und Privatpersonen anbietet. Sie arbeitet zunächst selbst, akquiriert Kunden, kümmert sich um die Buchhaltung etc. Nach und nach sind genug Kunden vorhanden, so dass ein weiterer Dachdecker eingestellt werden kann, später ein weiterer. Dann kann die Buchhaltung an eine 450€-Kraft übergeben werden. Die Steuererklärung macht ein Steuerberater etc. All dies entwickelt sich langsam, während die Person die „Haupttätigkeit" plus weitere administrative Aufgaben wahrnimmt.
>
> Nach und nach werden alle Arbeiten, die die Person anfangs ausgeführt hat, an andere Personen outgesourct. Am Ende kann auch die Tätigkeit des Geschäftsführers outgesourct werden und die Person hat sich „aus der Gleichung genommen". Mit viel Arbeit ist echtes passives Einkommen generiert worden.

Zusammengefasst bedeutet das, dass eine Unternehmensgründung ein großes Investment ist, sowohl zeitlicher als oft auch finanzieller Natur[96]. Der Trade-Off kann aber sein, dass es zu einem bestimmten Zeitpunkt nicht nur möglich ist, sich aus der aktiven Arbeit zurückzuziehen, sondern darüber hinaus einen konstanten und hohen Einkommensfluss daraus zu generieren.

Zur Abgrenzung: Es muss nicht das Ziel sein, dies mit einem gewaltigen Aufwand zu tun, sondern es ist auch eine Option so etwas parallel zu anderen Tätigkeiten aufzubauen – dann aber natürlich mit gewissen Einschränkungen. Viele Beispiele dafür finden sich unter „Investmentmöglichkeiten in Zeiten des Internets". Die Frage, die sich in diesem Kontext jeder selbst beantworten muss, ist die nach der eigenen Zieldefinition. Soll das Unternehmen nur ein „weiterer" Einkommensfluss sein, der zusätzlich zu weiteren getätigten Investments dazu kommt oder nicht nur eine, sondern **die** neue Hauptaufgabe im eigenen Leben[97].

---

[96] Obwohl wir bereits wissen, dass Zeit Geld ist, habe ich hier bewusst beides aufgeführt, da in diesem Kontext beide Faktoren maximal ausgereizt werden können und somit ein „Austausch" nicht ohne weiteres möglich ist.
[97] Die Anzahl ist unterschiedlich, aber viele Unternehmer arbeiten deutlich über 60 Stunden in der Woche.

Passives Einkommen | 79

Factsheet: Unternehmensgründung

Pro:

- Auf das eigene Skillset zugeschnitten
- Kann erhebliches Einkommen generieren
- Kann langfristig echtes passives Einkommen generieren
- Kann, je nach Unternehmensmodell, auch als „einfacher" weiterer Einkommensfluss genutzt werden – entspricht dann oft aber eher einer parallelen Selbstständigkeit

Contra:

- Je nach Unternehmen ein hohes Risiko
- Häufig eine sehr hohe Arbeitsbelastung
- Geringe bis keine Liquidität
- Häufig hohe Startkosten
- Schwierigkeit des „Loslassens"

Zusammenfassung:
Die Unternehmensgründung hat viele Hürden, die es zu meistern gilt und bringt somit ein ganz eigenes Portfolio an Herausforderungen mit sich.

Sollte ein Unternehmen aber trotz dieser Widrigkeiten „laufen", so kann es sich mehr lohnen als die meisten anderen Investitionen und langfristig sogar „echtes" passives Einkommen generieren – Unternehmertum ist neben reich erben der häufigste Grund für finanzielle Unabhängigkeit.

Investmentmöglichkeiten in Zeiten des Internets

Das Internet hat einiges verändert, nicht zuletzt Geschäftsmodelle und Tätigkeiten, mit denen Geld verdient werden kann. Beispiele dafür sind Unternehmen, die heutzutage nicht aus dem Alltag wegzudenken sind[98], die noch vor 20 Jahren kaum oder sogar gar nicht existierten.
Doch auch für uns Privatinvestoren ergeben sich neue Möglichkeiten, von denen auf einige in den folgenden Unterkapiteln eingegangen werden soll.

Eine Warnung muss aber vorangestellt werden: Cyberkriminalität ist ein unterschätztes Phänomen – im Internet wird sehr viel gescammt[99]. Dabei wird besonders gerne die Gier von Personen angesprochen und versucht mit verschiedensten Werkzeugen an das Geld von „glücklichen Gewinnern", „entfernte Verwandte kürzlich Verstorbener" oder ähnlicher Betroffener zu kommen. Hier gilt im Zweifelsfall wieder: Wenn etwas zu gut erscheint, um wahr zu sein, dann ist es dies vermutlich auch[100].

Nun aber zu den positiven Aspekten und einigen der Möglichkeiten, die uns das Internet bietet und an denen wir partizipieren können.

---

[98] Facebook, Google bzw. Alphabet, Amazon usw.
[99] Scam, engl. für Betrug.
[100] Recherchieren und verstehen sind also essenziell.

Kryptowährungen

Kryptowährungen oder auch „Cryptocurrencies" basieren auf der Blockchain-Technologie. Diese umfassend zu erklären und zu verstehen ist etwas umfangreicher, also befassen wir uns lediglich mit der Grundidee und den Implikationen.

Die Grundidee der Blockchain-Technologie ist die, dass über eine Kette von selbstreferenziellen Informationen, Blocks genannt, Informationen global verteilt gespeichert und gesichert werden können und nicht von einem zentralen Anbieter in irgendeiner Form abhängig sind, sondern ein dezentralisiertes System darstellen.

Inhaltlich kann dies verschiedene Ausprägungen haben, beispielsweise als eine Art Geldersatz, der nicht auf die Existenz von Banken angewiesen ist[101] oder ein dezentrales automatisiertes Vertragssystem [102].

Implementierungen der Blockchain-Technologie gibt es inzwischen sehr viele, aber wie können wir daran teilhaben?

Grundsätzlich gibt es für Kryptowährungen ebenfalls Marktplätze, genau wie es sie für beispielsweise Aktien auch gibt. Das bedeutet, dass jede Person, die das möchte, sich über einen entsprechenden Marktplatz relativ unkompliziert auch in den Markt einschalten kann.

---

[101] Bspw. Bitcoin oder Ripple.
[102] Bspw. Ethereum oder Neo.

82 | Übersicht einiger Investmentmöglichkeiten

Einige Dinge machen den Handel aber speziell:

- Hinter Kryptowährungen stehen keine materiellen Werte, d.h. es gibt weniger Beschränkungen für einen Verlust nach unten, mit Ausnahme des Totalverlusts.
- Der Preis wird vollständig durch Angebot und Nachfrage bestimmt, d.h. wenn jemand Gewinne macht, dann macht auch jemand anderes Verluste[103].
- Kryptowährungen haben eine deutlich höhere Preisvolatilität als andere Investments.
- Kryptowährungen sind eine Implementierung der Blockchain-Technologie, sie sind nicht **die** Blockchain-Technologie, d.h. nur weil die Technologie Zukunft hat, haben das nicht auch automatisch alle Implementierungen.
- Gerade im Kontext des „Crypto-Hypes" wurde der Markt umso attraktiver für Scammer[104]. Es gilt wie immer: Kenne das Investment.
- Der Markt ist *noch* großteilig unreguliert. Dies bedeutet, dass es im Fall von Komplikationen sehr schwierig sein kann, die Verantwortlichen gerichtlich zur Verantwortung zu ziehen, da in vielen Fällen noch keine aufsichtsrechtlichen Pflichten definiert wurden.

---

[103] Ausnahme sind geminte, also "hergestellte", Coins.
[104] Scammer, engl. für Betrüger. Siehe dazu auch das folgende Beispiel „PlexCoin".

Passives Einkommen | 83

Diese Liste erhebt keinen Anspruch auf Vollständigkeit, aber das Gesamtbild, welches sich dadurch ergibt, ist wichtig, denn unbenommen der aufgeführten Bedenken ist es durchaus möglich, mit Kryptowährungen Geld zu machen. Dies erfordert allerdings eine gute Kenntnis der Materie, der Risiken, der Marktplätze etc., damit Trends frühzeitig identifiziert werden können und entsprechend gehandelt werden kann.

Während ich diesem Handel nicht grundsätzlich abgeneigt bin, so hat der Preisverfall zwischen dem Dezemberhoch von über 20.000$ pro Bitcoin[105] und dem Preis genau einen Monat später von unter 10.000$ pro Bitcoin gezeigt, dass das Thema mit Vorsicht zu genießen ist.

Wenn dennoch die Entscheidung zum Handel getroffen wird, so empfehle ich dringend, nur einen kleinen Teil [106] des Portfolios, ein Risikoportfolio, entsprechend zu allokieren, sodass ein hoher Verlust eher zu verkraften ist. Sollten noch weitere sehr risikoreiche Investments getätigt werden, so würde ich die Gesamtsumme des Risikoportfolios, also inklusive der Kryptowährungen, nach oben begrenzen.

---

[105] Am 17. Dezember 2017.
[106] Die persönliche Präferenz ist hier natürlich ausschlaggebend, ich würde aber den Richtwert 5% bis maximal 10% anvisieren.

PlexCoin

PlexCoin ist ein sehr anschauliches Beispiel dafür, wie *nicht* mit Kryptowährungen gehandelt werden sollte. Wie oft bei Kryptowährungen wurde zunächst ein Whitepaper veröffentlicht, welches anpries, wieso PlexCoin die neue Revolution der Blockchain-Technologie darstellt. Nur das in diesem Whitepaper sehr wenig zum echten technischen Hintergrund zu finden war. Darüber hinaus gab es in diesem Whitepaper aber noch weitere Informationen: Erwartete Kursgewinne nach gewissen Zeitabschnitten – und zwar in einer erfreulichen Höhe.

Da dies im Aufkommen des „Crypto-Hypes" geschah, fanden sich genug Investoren um ca. 20 Mio. $ zusammen zu investieren, nur um kurz darauf festzustellen, dass PlexCoins eigentlich genau keine Funktion hatten, außer die Investoren um ihr Geld zu bringen und den Erfinder zu bereichern[107].

Während dies natürlich einen Extremfall darstellt, so ist es nicht zwangsläufig ein Einzelfall. Die Investoren, die das Geschäftsmodell nicht verstanden haben, bzw. nicht verstanden haben, dass es gar kein Geschäftsmodell gab, haben aus Hoffnung bzw. dem

---

[107] Nicht zuletzt deshalb hat die amerikanische Aufsicht beschlossen, alle ICOs, also Initial CoinOfferings, zunächst nach gleicher Gesetzeslage wie IPOs bewerten zu wollen. Der Fall ist dadurch, dass es offensichtlicher Betrug war, dann auch tatsächlich an die Gerichtsbarkeit übergeben worden.

noch stärkeren Gefühl des Nicht-Partizipierens[108] oder Verpassens, Geld an einen Betrug verloren – der offensichtlich zu erkennen gewesen wäre, wenn man sich an unsere bekannten Grundsätze gehalten hätte.

Exakt dieses Prinzip gilt inzwischen leider für eine große Anzahl an Kryptowährungen, da viele Investoren auf einen Boom wie bei Bitcoin hoffen – und somit in neue Kryptowährungen mit Werten im Centbereich investieren und die Hoffnung hegen, dass diese dann wenig später 20.000$ wert sind. Das liegt schlicht und ergreifend auch daran, dass es sich „so anfühlt", als wäre es leichter, beispielsweise von einem Wert von 0,01 Cent auf 1 Cent zu kommen als von einem Wert von 100€ auf 10.000€ - obwohl beides einer Verhundertfachung bzw. einem Wertzuwachs von 9.900% entspricht.

In der Realität ist das aber schlicht und ergreifend falsch und wir tun uns keinen Gefallen damit diesen Gefühlen zu folgen; ebenso wenig wie dem Gefühl, dass es „ja alle machen" und dadurch so große Gewinne erzielen.

Ich wiederhole also: Grundsätzlich halte ich die Blockchain-Technologie für sehr aussichtsreich und es gibt sicher auch einige Coins und/oder Token, die eine Zukunft haben. Das ist aber kein Grund sich Hals über Kopf in einem Trend zu verlieren – verstehen Sie, in was Sie investieren.

---

[108] Engl. abgekürzt als FOMO, "fear of missing out".

Factsheet: Kryptowährungen

Pro:

- Können hohe Gewinne generieren
- Unregulierter Markt

Contra:

- Hoher Anteil an Betrug
- Kein materieller Wert im Hintergrund
- Unregulierter Markt
- Hohe Volatilität

Zusammenfassung:
Kryptowährungen haben einige Potenziale, aber deutlich weniger, als der aktuelle Hype vermuten lässt. Die Blockchain-Technologie selbst ist ein anderes Thema und sollte nicht mit jeder beliebigen Kryptowährung vermischt werden.

Obwohl es genug Personen gibt, die mit Bitcoin viel Geld verdient haben, würde ich niemandem empfehlen, dies aktuell zu versuchen. Viele der Personen, die Kryptowährungen heute groß anpreisen leiden an „Survivorship-Bias", also der Verzerrung der Wahrnehmung, dass etwas deshalb funktionieren muss, weil es bei ihnen auch funktioniert hat. Nach dem gleichen Prinzip könnte ein Lotto-Gewinner argumentieren, dass ein Lotto-Schein eine fantastische Investition ist.

Webseiten

Der größte Teil des für den normalen Endnutzer sichtbaren Internets besteht aus Webseiten. Diese können Inhalte jeder Art beinhalten und uns zur Verfügung stellen. Die Idee, dass dies aus purem Altruismus geschieht ist zwar herzerwärmend, heutzutage aber leider in den meisten Fällen falsch. Wie schon eingangs im Gesamtkapitel zu Investments in Zeiten des Internets erwähnt, stehen hinter diesen Webseiten teilweise gigantische Unternehmen und verdienen damit auch Unsummen von Geld.

Geld wird aber nicht nur mit den offensichtlichen Angeboten[109] auf diesen Seiten verdient, sondern auf vielen verschiedenen Wegen. Im Zweifelsfall gilt die Faustregel:

„Wenn Sie Services kostenfrei zur Verfügung gestellt bekommen und haben das Gefühl, nichts im Gegenzug leisten zu müssen, dann sind Sie nicht der Kunde, sondern das Produkt."

Das ist nicht per se ein Problem, sollte aber im Hinterkopf behalten werden, gerade im Kontext aktueller Skandale[110]. Die besten Beispiele für die Implementierung dieses Geschäftsmodells sind übrigens vermutlich wieder Facebook, Google/

---

[109] Shops, kostenpflichtige Inhalte, etc.
[110] Als Beispiel sei "Cambridge Analytica" aufgeführt.

Alphabet[111] und Amazon[112]. Die Frage in diesem Kontext ist also eigentlich, ob wir vergleichbare Prinzipien adaptieren und über deren Implementierung ebenfalls Geld verdienen können. Ich möchte hier bewusst auf die Darstellung „klassischer" Geschäftsmodelle im neuen Kleid verzichten[113], da ich dies nicht als Internet-affine Investments im engeren Sinne empfinde.

Beginnen wir mit **Affiliate-Marketing-Webseiten**. Affiliate[114]-Marketing bezeichnet das Vermitteln von Verkäufen verpartnerter Webseiten. Für jeden Kauf, der über einen oder mehrere auf der Webseite vorhandene Links durchgeführt wird, gibt es eine Zahlung in Form einer Werbekostenerstattung, Vermittlungsprovision oder unter einem beliebigen anderen Namen. Das Prinzip ist denkbar leicht: Wir machen Werbung für ein Produkt und sollte jemand sich über die Werbung dazu entschließen, dieses Produkt zu kaufen, so erhalten wir einen Anteil des Verkaufserlöses. Nach exakt diesem Prinzip funktionieren im Übrigen die meisten Vergleichs-Webseiten.

---

[111] Beide primär über Nutzerdaten und Werbung.
[112] Amazon profitiert primär von seiner Marktmacht und dem daraus resultierenden Erfordernis, dass Händler über Amazon ihre Waren verkaufen „müssen" und dafür Gebühren entrichten.
[113] Bspw. regulärer Warenverkauf über einen Onlineshop.
[114] Aus dem engl., Partner.

Passives Einkommen | 89

Wenn wir dieses Geschäftsmodell aufbauen möchten, benötigen wir zunächst nicht viel: Eine Webseite[115], ein Konto bei einem Affiliate-Marketing-Anbieter [116] und entweder etwas Zeit oder Geld [117]. Mit diesen Hilfsmitteln ausgestattet ist theoretisch alles vorhanden, was nötig ist. Auf die Probleme, die in der Realität noch zu lösen sind, gehe ich am Ende des Abschnitts ein, da sie nicht spezifisch in den Kontext von Affiliate-Webseiten einzuordnen sind.

Die nächste Variante, wie mit Webseiten Geld verdient werden kann, ist **Werbung**. Durch das Platzieren von Werbung und insbesondere durch Klicks auf eben diese Werbung erhält der Webseiten-Betreiber eine Entlohnung durch die Werbeanbieter [118]. Diese kann mehr oder weniger aufdringlich auf der Webseite untergebracht werden, wird automatisiert befüllt und kostet nach der einmaligen Einrichtung wenig Aufwand.

Eine weitere Variante sind kostenpflichtige Inhalte von Webseiten, gerne auch kombiniert mit einer Art

---

[115] Diese kann über viele Anbieter mit Hilfe eines Baukastensystems erstellt werden, bspw. mit Hilfe von WordPress oder über Lösungen wie Jimdo.

[116] Wenig überraschend ist der Fakt, dass Amazon hier wieder einer der Vorreiter ist und sich auch deshalb anbietet, weil eine große Anzahl von Produkten hier erhältlich ist.

[117] Vgl. das Kapitel zu Outsourcing.

[118] Der bekannteste Vertreter und die erste Anlaufstelle für Werbung ist Google.

Premium-Mitgliedschaft, also ein **Subscription-Geschäftsmodell**. Die Idee ist, besondere Inhalte zur Verfügung zu stellen, für die die Nutzer bereit sind einen einmaligen oder monatlichen Betrag zu entrichten. Welche Form diese Inhalte haben ist nicht beschränkt, sie sollten aber qualitativ so hochwertig sein, dass es auch Nutzer gibt, die bereit sind, dafür zu zahlen.

Die letzte Variante, die ich an dieser Stelle vorstellen möchte sind so genannte **Drop-Shipping-Webseiten**. Diese Webseiten sehen für Endnutzer aus wie ein normaler Webshop, unterscheiden sich aber deutlich von diesen, da kein echter Webshop dahintersteht. Es ist nämlich so, dass auf diesen Webseiten Waren angeboten werden, die woanders günstiger gekauft werden können[119], mit dem Unterschied, dass auch keine Waren auf Vorrat/ im Lager gehalten werden. Praktisch bedeutet das, dass wenn ein Nutzer über den Webshop ein Produkt bestellt, der Betreiber des Webshops ebenfalls eine Bestellung aufgibt – bei einem Shop, der das Produkt anbietet, dafür aber weniger Geld verlangt. Bei dieser Bestellung gibt der Betreiber dann als Lieferadresse die Adresse seines Kunden an und kann den Differenzbetrag als Gewinn verbuchen. Exakt dieses Vorgehen wird schon heute vielfach betrieben, gerne über das Anbieten von Waren auf Amazon und das Bestellen eben dieser auf asiatischen Webseiten wie beispielsweise AliExpress.

---

[119] Dies ist natürlich grundsätzlich auch das Geschäftsmodell jedes anderen Shops.

Ich persönlich bin kein Freund dieser Idee, da sie zwar auf dem Papier sehr gut aussieht, aber kein Mehrwert für die Endkunden generiert wird – es wird lediglich ein Kostenfaktor dazwischengeschaltet. Darüber hinaus ergeben sich über das Betreiben eines Shops auch rechtliche Anforderungen, die erfüllt werden müssen, wie beispielsweise das Rückgaberecht und Haftung in Problemfällen. Diese Probleme sind mindestens teilweise „heilbar" [120], machen das Geschäftsmodell aber nicht attraktiver.

Diese Geschäftsmodelle lassen sich übrigens auch kombinieren. Gerne gesehen ist ein Blog, der sowohl Werbung als auch Affiliate-Marketing nutzt.

Alle Webseiten haben aber eines gemeinsam: Wer im Internet nicht gefunden wird, kann es sich auch sparen, im Internet aufzutreten. Das bedeutet insbesondere, dass ein hoher Aufwand dafür eingerechnet werden muss, dass die erstellte Webseite überhaupt gefunden wird. Im Fachjargon spricht man hier von SEO [121]. Verschiedene Suchmaschinen nutzen verschiedene Suchalgorithmen, die auch nur teilweise öffentlich zugänglich sind, deshalb gibt es kein Patentrezept.

---

[120] Rückgabe über Einkalkulation einer Rückgabequote in den Verkaufspreis und Haftungsrisiken über eine Versicherung und/ oder das Gründen einer GmbH oder einer UG, dem „kleinen Bruder" der GmbH.
[121] Engl. Search Engine Optimization, also Suchmaschinenoptimierung.

Übersicht einiger Investmentmöglichkeiten

Über den Daumen kann man aber sagen, dass es einige wichtige Punkte gibt, die beachtet werden sollten, um eine bessere Auffindbarkeit zu gewährleisten:

- Die Wahl richtiger Keywords/Suchbegriffe
- Eine hohe Anzahl an Links und noch wichtiger Backlinks[122], je populärer die Webseite mit den Backlinks, umso besser
- Lange, einzigartige Artikel, da viele Suchmaschinen heutzutage Inhalte auch auf Duplikate auf anderen Webseiten prüfen
- Bilder, die mit Metadaten versehen sind
- (Zwischen-)Überschriften

Diese Liste ist nicht abschließend und das Thema zu wichtig, um es darauf beruhen zu lassen. Da Google die meistgenutzte Suchmaschine ist und ein eigenes Tutorial[123] anbietet, würde ich empfehlen, sich dieses im Zweifel anzusehen.

Wenn obiges beherzigt wird, können wir nun über Suchmaschinen aufgefunden werden. Das genügt aber noch nicht, um die Nutzer auch auf der Webseite zu halten. Dies benötigt schlicht und ergreifend gute Inhalte. Was dabei gut ist, ist natürlich subjektiv, es hilft aber oft eine spezifische Zielgruppe anzusprechen.

---

[122] Links, die von anderen Seiten auf die eigene Seite verweisen.
[123] Zu finden im Google Support.

Factsheet: Webseiten

Pro:

- Wenig bis keine Kosten
- Wenig bis kein Vorwissen erforderlich
- Inhalte können unter Umständen dem eigenen Interessengebiet angepasst werden
- Können langfristig komplett passives Einkommen generieren

Contra:

- Sehr überfüllter Markt
- Wenn nicht genügend Besucher gewonnen werden können, lohnt sich das Investment selten
- Mindestens in der Anfangsphase nicht passiv

Zusammenfassung:
Webseiten sind eine der besten Einstiegsmöglichkeiten in Geschäftsideen des Internets, da der Lernprozess nicht nur grundlegendes Wissen naherbringt, sondern zusätzlich auch wenig Vorwissen erfordert. Mit einer Webseite wirklich Geld zu verdienen, kann aber deutlich schwieriger sein, da dazu viele Faktoren stimmen müssen - und in vielen Modellen die Monetarisierung ohne genügend Inhalte hoher Qualität auch noch keinen Sinn macht.

Apps

Das Entwickeln von Apps nimmt nicht zuletzt deshalb einen immer größeren Stellenwert in der Softwareentwicklung ein, da es möglich ist, damit ein hohes Einkommen zu generieren[124]. Dies erfordert aber entweder eigenes Programmierwissen[125] oder das nötige Kapital, um die Entwicklung outzusourcen. In beiden Fällen steht ein nicht unerhebliches Investment hinter solch einer Entwicklung, während die erwarteten Erträge sehr ungewiss sind – wir bewegen uns also im eher risikoreichen Bereich des Risiko-Rendite-Verhältnisses.

Eine App zu entwickeln oder entwickeln zu lassen benötigt zunächst eine Idee. Diese sollte auf dem App-Markt verglichen und nachgeforscht werden, denn wenn es in diesem Bereich schon einen Platzhirsch gibt, den wir nicht überbieten können, so wird es sehr schwierig werden, die eigene App an den Endkunden zu bringen. Wenn es noch keine App dieser Art gibt, kann es auch daran liegen, dass der Markt bzw. die Zielgruppe zu klein ist oder nicht existiert.

Im Gegenzug zu dem, was uns die Betriebswirtschaftslehre beibringt, nämlich dass jedes Produkt einen USP[126] benötigt, kann auf dem App-

---

[124] Facebook hat beispielsweise die beliebte Messenger-App WhatsApp für 19 Mrd. $ gekauft.
[125] Oder den Willen und die Fähigkeit sich dieses anzueignen.
[126] Unique Selling Point, engl. für Alleinstellungsmerkmal.

Passives Einkommen | 95

Markt beobachtet werden, dass dies nicht zwingend erforderlich ist – als Gegenbeispiel seien viele sich sehr ähnelnde „Aufbau-Strategie-Spiel"-Apps aufgeführt[127].

Die Hauptschwierigkeit in diesem Segment wird aber immer sein, die Nutzermenge auf bzw. über einen kritischen Punkt zu heben, damit sich die App über Mundpropaganda und eine hohe Platzierung in Download-Rankings etc. von alleine weiterverbreiten kann. Ist dies aber erst einmal geschafft, kann mit Apps nicht unähnlich zu Webseiten ein guter passiver Einkommensfluss generiert werden. Möglichkeiten dazu sind Werbung, das Anbieten von In-App-Käufen[128] oder schlicht und ergreifend ein Preis für die App selbst.

> **Hinweis**
> Durch die Schwierigkeit der „kritischen Masse", den Apps mit sich bringen, empfiehlt es sich nur dann, einem solchen Projekt einen großen Anteil der eigenen Portfolios zuzuweisen, wenn man sich mit diesem Markt bereits gut auskennt und im besten Fall kostenoptimiert, also durch eigene „günstige" Arbeit, das Investment großteilig bewältigen kann.

---

[127] „Clash of Clans" ist ein bekannter Vertreter mit vielen Nachahmern.
[128] Hierzu gehört im weitesten Sinne auch der Verkauf einer Premiumversion, die beispielsweise keine Werbung mehr enthält.

Factsheet: Apps

Pro:

- Mit erfolgreichen Apps kann sowohl ein hohes passives Einkommen, als auch ein hoher Verkaufsgewinn erwirtschaftet werden
- Es gibt verschiedene Wege Einkommen aus Apps zu generieren, sodass dies auf die entsprechende Zielgruppe angepasst werden kann

Contra:

- App-Entwicklung benötigt ein gewisses Programmierverständnis oder die Zeit, sich dieses anzulernen
- Der App-Markt ist einer der kompetitivsten Märkte überhaupt
- Eine App kann trotz herausragender Qualität durch das Nicht-Erreichen der kritischen Masse zu einem schlechten Investment werden

Zusammenfassung:
Wenn bereits Kenntnisse im Bereich der Programmierung existieren, so kann es Sinn machen, sich intensiver mit App-Entwicklung zu befassen und eigene Projekte zu starten. Ist noch kein Wissen vorhanden, so empfehle ich, Abstand davon zu nehmen, denn nur eine gute Idee reicht bei weitem nicht aus, um auch erfolgreich zu sein.

YouTube und Instagram

Mit YouTube oder Instagram passives Einkommen generieren? Wie geht denn das? Die Prinzipien, auf denen dies in beiden Fällen basiert, sind natürlich die bereits bekannten.

Produzieren wir Inhalte und stellen diese auf YouTube oder Instagram zur Verfügung, so ist es möglich, diese auch zu monetarisieren. Für beide Plattformen gilt, dass es ab einer gewissen Reichweite Unternehmen gibt, die für versteckte oder offene Werbung Geld bezahlen, dies wird häufig als Influencer [129] -Marketing bezeichnet, welches auch gerne mit Affiliate-Marketing[130] kombiniert wird – beide Formen sind aber nicht darauf angewiesen.

Der Unterschied liegt im Kontext von passivem Einkommen vor allem darin, dass für Product-Placement in Inhalten meist eine einmalige Prämie verhandelt wird, es über Affiliate-Marketing, oder aber mit einem Video, welches mehrere Jahre alt ist, möglich ist, weiterhin Einkommen zu generieren.

Darüber hinaus gilt auch wieder, dass auf YouTube das Erlauben von Werbung dem Ersteller der Videos ebenfalls vergütet wird, in Abhängigkeit von einigen Faktoren wie beispielsweise Kanal-Abonnenten, Views, Dauer des Schauens usw.

---

[129] Influencer, engl. für Beeinflusser.
[130] Vgl. Affiliate-Marketing-Webseiten.

Dies ist ebenfalls komplett passiv, nachdem das Investment zur Erstellung der Inhalte abgeschlossen ist.

Weder YouTube noch Instagram sind allerdings „echt passiv", da man, wenn man nicht regelmäßig neue Inhalte produziert seine Abonnenten/Follower schnell wieder verlieren kann – wir müssten also immer weitere Inhalte produzieren oder mit einem deutlichen Einschnitt im passiven Einkommen rechnen.

> **Hinweis**
> Gerade viele junge Menschen träumen davon, ihren Lebensunterhalt mit YouTube, Instagram oder ähnlichen Plattformen zu verdienen.
>
> Den meisten wird dies niemals gelingen, denn der Markt ist überfüllt. Im Endeffekt muss man ein Unterhalter sein, der es schafft, seine Zuschauer langfristig zu binden – vergleichbar mit einem Late-Show-Host, einem Musiker oder einem Schauspieler.
>
> Während dies nach einer erstrebenswerten Karriere klingt, so ist die Realität für die meisten Personen ernüchternd, denn „schaffen" tun es nur die wenigsten.

Factsheet: YouTube und Instagram

Pro:

- Kein bis wenig Vorwissen erforderlich
- Für viele Personen wird das Pflegen eines Accounts nicht als Arbeit wahrgenommen
- Keine bis wenig Startkosten

Contra:

- Kritische Masse an Followern nötig
- In den meisten Fällen kein passives Einkommen im engeren Sinne, da die Zuschauer nur durch ständiges Uploaden neuer Inhalte gebunden werden können
- Stark umkämpfter Markt

Zusammenfassung:
Wie bereits im Hinweis erwähnt, ist eine YouTube oder Instagram-Karriere (oder das nächste Äquivalent zu den Plattformen, welches früher oder später auf den Markt kommt), zwar auf dem Papier ein wahr gewordener Traum, praktisch aber sehr schwer zu erreichen. Gerade weil die Idee viele Personen so anspricht, ist der Markt voll mit Personen, die ihr Glück damit versuchen - und viele davon werden immer professioneller.

Als weiteres Standbein kann man versuchen an diesem Markt zu partizipieren, es sollte aber eher Teil eines Netzes als ein Fokus sein.

Bücher und eBooks

Sehr viele Menschen wollten schon immer mal ein Buch schreiben, ich selbst gehöre auch dazu, denn grundsätzlich hindert uns daran niemand, außer uns selbst – unter anderem aus diesem Grund habe ich mich auch entschieden, dieses Buch zu schreiben.

Unabhängig von diesem Gedankengang können Bücher, und heutzutage selbstverständlich auch eBooks, eine Quelle echten passiven Einkommens sein. Sind sie einmal geschrieben, lektoriert, gesetzt und veröffentlicht, so muss kein weiterer Aufwand betrieben werden und der Autor bekommt pro verkauftem Exemplar eine Vergütung, ohne neue Arbeit investieren zu müssen[131].

Während Vor- und Nachteile größtenteils auf der Hand liegen[132], möchte ich darauf hinweisen, dass der Aufwand, ein Buch zu schreiben, oft deutlich unterschätzt wird. Es kann beizeiten sehr schwierig sein, sich dazu zu motivieren ein weiteres Kapitel zu konzeptionieren, weiter zu schreiben, o.Ä. und es sollte nicht unterschätzt werden, wie viel intrinsische Motivation nötig ist, solch ein Projekt auch zu beenden. Am besten sieht man dies vermutlich an der Diskrepanz der Anzahl an Personen, die gerne mal ein Buch schreiben wollten und der Anzahl derer, die dies auch wirklich getan haben.

---

[131] Abseits von optionalen Überarbeitungen, deren Aufwand sehr überschaubar sein kann.
[132] Und noch einmal im Factsheet aufgeführt sind.

Factsheet: Bücher und eBooks

Pro:

- Bei Trivia kein echtes Vorwissen nötig
- Kann vollständig alleine durchgeführt werden, d.h. es muss kein Austausch von Zeit in Geld durchgeführt werden
- Mit einem „gut laufenden" Buch kann ein langfristiges und echtes passives Einkommen generiert werden

Contra:

- Das Schreiben eines Buches stellt einen völlig unterschätzten Aufwand dar und kann in Folge dessen leicht in einem zeitlichen Investment mit Totalverlust enden, wenn das Buch niemals fertigstellt und veröffentlicht werden sollte
- Auch wenn ein Buch fertig wird, müssen viele Personen es kaufen, damit es ein lohnendes Investment wird

Zusammenfassung:
Ich persönliche denke nicht, dass das Schreiben eines Buches für die meisten Menschen ein „gutes" passives Investment darstellt, da auch ein gutes Buch auf einem getesteten Markt leicht floppen kann – nicht einmal weil der Preis zu hoch ist, sondern schon deshalb, weil der Autor unbekannt ist. Es stellt eher eine Ergänzung/ Abrundung eines Portfolios dar und die Verwirklichung eines persönlichen Wunsches.

Motivation und Bedeutung passiven Einkommens

Wir haben uns nun durch verschiedene theoretische Aspekte und Beispiele gekämpft, um hier anzukommen: Im motivierenden Teil.

Auf diese Motivation sind wir (leider) angewiesen, denn passives Einkommen benötigt Zeit und Disziplin. Um diese Idee greifbar zu machen, habe ich eine Tabelle angefügt, die mit folgenden Annahmen arbeitet:

Wir erhalten eine Verzinsung von 5% pro Jahr und legen pro Monat 300€ zurück, also ca. 10€ pro Tag. Zur Vereinfachung unseres Modells verzinsen wir nur das Kapital, welches am Anfang des Jahres zur Verfügung steht[133].

Wir sehen, dass wir mit einer monatlichen Zuführung von 300€, also einer jährlichen Zuführung von 3.600€ und einer Verzinsung, welche geringer ist, als uns die Marktstatistik „erlauben" würde [134], trotzdem eine Verdopplung [135] unseres Investments erreichen konnten, schlicht und ergreifend dank der

---

[133] Wir könnten auch unsere angenommene Verzinsung logarithmisch auf die einzelnen Monate „kleinrechnen" und mit einer monatlichen Verzinsung arbeiten, es geht aber hier um ein Anschauungsbeispiel.

[134] Siehe auch „Der Wert von Geld". Eine konservative Schätzung verhindert aber oft spätere Enttäuschungen.

[135] Zuführung von 25 x 3.600€ = 90.000€.

verstrichenen Zeit, dem Zinseszins-Effekt und der Disziplin des Einzahlens.

Verzinsung	5%
Zuführung	3.600,00 €

Summe Zinsen   90.408,43 €

Jahr	Startkapital	Zuführung	Verzinsung	Endkapital
0	- €	3.600,00 €	- €	3.600,00 €
1	3.600,00 €	3.600,00 €	180,00 €	7.380,00 €
2	7.380,00 €	3.600,00 €	369,00 €	11.349,00 €
3	11.349,00 €	3.600,00 €	567,45 €	15.516,45 €
4	15.516,45 €	3.600,00 €	775,82 €	19.892,27 €
5	19.892,27 €	3.600,00 €	994,61 €	24.486,89 €
6	24.486,89 €	3.600,00 €	1.224,34 €	29.311,23 €
7	29.311,23 €	3.600,00 €	1.465,56 €	34.376,79 €
8	34.376,79 €	3.600,00 €	1.718,84 €	39.695,63 €
9	39.695,63 €	3.600,00 €	1.984,78 €	45.280,41 €
10	45.280,41 €	3.600,00 €	2.264,02 €	51.144,43 €
11	51.144,43 €	3.600,00 €	2.557,22 €	57.301,66 €
12	57.301,66 €	3.600,00 €	2.865,08 €	63.766,74 €
13	63.766,74 €	3.600,00 €	3.188,34 €	70.555,08 €
14	70.555,08 €	3.600,00 €	3.527,75 €	77.682,83 €
15	77.682,83 €	3.600,00 €	3.884,14 €	85.166,97 €
16	85.166,97 €	3.600,00 €	4.258,35 €	93.025,32 €
17	93.025,32 €	3.600,00 €	4.651,27 €	101.276,58 €
18	101.276,58 €	3.600,00 €	5.063,83 €	109.940,41 €
19	109.940,41 €	3.600,00 €	5.497,02 €	119.037,43 €
20	119.037,43 €	3.600,00 €	5.951,87 €	128.589,31 €
21	128.589,31 €	3.600,00 €	6.429,47 €	138.618,77 €
22	138.618,77 €	3.600,00 €	6.930,94 €	149.149,71 €
23	149.149,71 €	3.600,00 €	7.457,49 €	160.207,20 €
24	160.207,20 €	3.600,00 €	8.010,36 €	171.817,56 €
25	171.817,56 €	- €	8.590,88 €	180.408,43 €

Abbildung 5, Kapitalentwicklung über 25 Jahre

Mit diesen Zahlen kann und sollte jeder für sich etwas herumspielen, da sowohl die Zuführung sehr individuell ist, als auch die angestrebte Verzinsung[136]. Darüber hinaus kann es auch möglich sein, dass wir ab einem gewissen Zeitpunkt schon einen Teil des passiven Einkommens nutzen möchten und deshalb nicht mehr reinvestieren – beispielsweise nachdem eine gewisse Summe erreicht wurde. Auch diese Entscheidung hat natürlich Auswirkungen auf die erwartete Entwicklung des Investments.

Um zumindest einige Beispiele einmal transparent gemacht zu haben, habe ich unten zwei verschiedene Verzinsungen, 5% und 7%[137], und drei verschiedene Zuführungen, 3.600€, 4.800€ oder 6.000€ pro Jahr, also 300€, 400€ bzw. 500€ pro Monat, angesetzt, immer mit der vereinfachten Modellierung, die eingangs erläutert wurde.

	Verzinsung	
Zuführung	5%	7%
3.600,00 €	180.408,43 €	247.235,29 €
4.800,00 €	245.344,58 €	329.647,06 €
6.000,00 €	306.680,72 €	412.058,82 €

Abbildung 6, Ergebnisse verschiedener Annahmen

---

[136] Vgl. Risiko-Rendite-Verhältnis.
[137] Beide eher konservative Schätzungen in dem Sinne, dass die historische Entwicklung mehr zulassen würde, damit keine zu unerfreulichen Überraschungen geschehen.

Passives Einkommen | 105

Wie wir sehen, macht die Zuführung natürlich einen Unterschied im finalen Ergebnis nach 25 Jahren, die angenommene Verzinsung aber umso mehr.

Verzinsung	5%	Summe Zinsen	61.573,77 €
Zuführung	3.600,00 €		

Jahr	Startkapital	Zuführung	Verzinsung	Endkapital
0	- €	3.600,00 €	- €	3.600,00 €
1	3.600,00 €	3.600,00 €	180,00 €	7.380,00 €
2	7.380,00 €	3.600,00 €	369,00 €	11.349,00 €
3	11.349,00 €	3.600,00 €	567,45 €	15.516,45 €
4	15.516,45 €	3.600,00 €	775,82 €	19.892,27 €
5	19.892,27 €	3.600,00 €	994,61 €	24.486,89 €
6	24.486,89 €	3.600,00 €	1.224,34 €	28.086,89 €
7	28.086,89 €	3.600,00 €	1.404,34 €	31.686,89 €
8	31.686,89 €	3.600,00 €	1.584,34 €	35.286,89 €
9	35.286,89 €	3.600,00 €	1.764,34 €	38.886,89 €
10	38.886,89 €	3.600,00 €	1.944,34 €	42.486,89 €
11	42.486,89 €	3.600,00 €	2.124,34 €	46.086,89 €
12	46.086,89 €	3.600,00 €	2.304,34 €	49.686,89 €
13	49.686,89 €	3.600,00 €	2.484,34 €	53.286,89 €
14	53.286,89 €	3.600,00 €	2.664,34 €	56.886,89 €
15	56.886,89 €	3.600,00 €	2.844,34 €	60.486,89 €
16	60.486,89 €	3.600,00 €	3.024,34 €	64.086,89 €
17	64.086,89 €	3.600,00 €	3.204,34 €	67.686,89 €
18	67.686,89 €	3.600,00 €	3.384,34 €	71.286,89 €
19	71.286,89 €	3.600,00 €	3.564,34 €	74.886,89 €
20	74.886,89 €	3.600,00 €	3.744,34 €	78.486,89 €
21	78.486,89 €	3.600,00 €	3.924,34 €	82.086,89 €
22	82.086,89 €	3.600,00 €	4.104,34 €	85.686,89 €
23	85.686,89 €	3.600,00 €	4.284,34 €	89.286,89 €
24	89.286,89 €	3.600,00 €	4.464,34 €	92.886,89 €
25	92.886,89 €	- €	4.644,34 €	92.886,89 €

Abbildung 7, Entwicklung des Investments mit Entnahme der Verzinsung ab Jahr 6

In Abbildung 7 gehen wir davon aus, dass wir ab dem Jahr 6 unsere komplette Verzinsung nicht mehr reinvestieren, sondern entnehmen. Unser Endbetrag sinkt natürlich massiv ab, aber auch die Summe der erhaltenen Zinsen sinkt um beinahe ein Drittel.

Wir verzichten hier darauf weitere Konstellationen durchzuspielen und ich möchte dazu anregen, dass Sie sich mit Ihren eigenen Annahmen an das Tabellenkalkulationsprogramm Ihrer Wahl setzen und einige Szenarien durchspielen, denn dies hilft auch ein Gefühl dafür zu bekommen, und mitunter das eigene optimale Risiko-Rendite-Verhältnis im Kontext der individuellen finanziellen Situation, dem Zinseszins-Effekt und der Erwartungshaltung zu konkretisieren.

In jedem Fall möchte ich hier noch einmal einen Appell starten: Die wenigsten Personen werden „einfach" vermögend und müssen nicht mehr arbeiten. Dieser Prozess ist für die meisten von uns immer mit Arbeit, Zeit und Disziplin verbunden [138] - und auch dann ist das Ergebnis nicht sofort der Status eines Multimillionärs. Darum geht es aber auch nicht, wenn wir uns nicht einer Illusion hingeben wollen.

Es geht primär um eine gewisse Freiheit, die ein Kapitalgrundstock im Hintergrund und ein passives Einkommen in einer gewissen Höhe ausstrahlt und wie beides auf das tagtägliche Empfinden wirkt –

---

[138] Und selbst dann nicht immer von Erfolg gekrönt, sondern auch stark von den Startvoraussetzungen abhängig.

denn mit dem Wissen, dass wir, dank Reserven und Verzinsung, auch mal ein paar Tage gut ohne Arbeit auskommen könnten, lebt es sich deutlich entspannter.

Um meine persönliche Motivation einmal darzulegen: Ich arbeite gerne und meine Arbeit macht mir Spaß. Das ist schon deutlich mehr, als viele Menschen von sich behaupten dürfen, ich habe aber auch genau diesen Anspruch an meine Arbeit. Sollte ich nun an den Punkt kommen, dass ich feststelle, dass ich an meiner Arbeit keinen Spaß mehr habe, so könnte ich mit einem gewissen passiven Einkommen ausgestattet problemlos einen anderen Job ergreifen, an dem ich eine größere Freude empfinde – oder auch eine gewisse Zeit lang keinen.

> **Empfehlung**
> Seien Sie ehrlich zu sich selbst. Warum genau möchten Sie passives Einkommen erzielen, ganz unabhängig davon, dass Ihnen die Idee gefällt?
>
> Möchten Sie nicht mehr Arbeiten? Anders arbeiten? Eine große Sicherheit besitzen? All diese Faktoren werden sich auch in Ihren Entscheidungen im Kontext von passivem Einkommen niederschlagen, also machen Sie sich diese Gedanken und seien Sie dabei ehrlich zu sich.

Und dann?

Was machen wir eigentlich, wenn wir „genug" [139] passives Einkommen generieren? Diese Frage sollte man sich zwingend stellen, bevor es so weit ist, denn ansonsten kann man schnell in ein Loch fallen bzw. die Möglichkeiten des passiven Einkommens nicht richtig ausnutzen.

Ob wir für eine Weltreise, ein Leben mit geringerer oder sogar keiner Arbeitszeit, für unsere Nachfahren oder aus welchem Grund auch immer passives Einkommen anstreben, für die meisten für uns bedeutet es vorher ein langes Arbeitsverhältnis [140] welcher Form auch immer, bevor dieses Ziel erreicht wird. Das bedeutet auch, dass wir uns daran gewöhnen einen nicht gerade geringen Teil unserer Lebenszeit bei der Arbeit zu verbringen, oft genug deutlich mehr als 8 Stunden pro Arbeitstag.

Wenn wir nun versuchen würden, von dieser Zeit ohne Vorwarnung auf eine Arbeitszeit von Null zu reduzieren, so würden wir überrascht sein, denn das geht kurzzeitig gut, aber nach einer gewissen

---

[139] Es gibt Forschungen zu dem Thema, die festgestellt haben, dass es so etwas wie „genug" Geld nicht gibt. Mehr Geld macht im Schnitt auch immer glücklicher, daher ist es besonders wichtig die eigenen Ziele einmal zu definieren, damit man nicht langfristig einfach nur um des Sammeln Willens sammelt.

[140] Und die Disziplin, einen Teil des möglichen Konsums auf später zu vertragen.

Übergangsphase werden wir uns schlicht und ergreifend langweilen, denn wir brauchen einen Rhythmus und ein Ziel.

Ich denke sogar, dass es durchaus Sinn macht, den Übergang fließend zu gestalten, also beispielsweise von einer Arbeitszeit von 8 Stunden am Tag zunächst auf 6 Stunden zu reduzieren, dann auf 4 Stunden usw., je nachdem wie die eigene Präferenz für Restarbeit und das verfügbare passive Einkommen ausgeprägt ist.

Darüber hinaus sollten neue Tätigkeitsfelder erschlossen bzw. bereits bekannte ausgebaut werden. Sie wollten schon immer mehr Sport machen? Bauen Sie eine Routine auf. Sie wollten mehr Zeit mit Ihren Kindern verbringen? Nehmen Sie sich bestimmte Tage vor, an denen Sie gemeinsame Aktionen planen. Sie wollten ein Buch schreiben? Planen Sie diesen Vorgang.

Die Liste ist beliebig erweiterbar und ich ermutige Sie dazu dies zu tun – nur machen Sie sich diese Gedanken vorher und unterschätzen Sie nicht, was die neue verfügbare Zeit auch für Herausforderungen mit sich bringt.

Nachwort

Wir sind bereits am Ende dieses Buches angelangt und ich hoffe, dass ich Ihnen ein paar Einblicke in die Themen des passiven Einkommens geben konnte.

Wie Ihnen sicher aufgefallen ist, sind mir persönlich die theoretischen Grundaspekte sehr wichtig und ich halte es für unerlässlich diese zu kennen und verstanden zu haben, um fundierte Entscheidungen bezüglich des eigenen Wegs zum passiven Einkommen zu treffen.

Genau hier springen viele Menschen zu kurz, denn sie sind von der Grundidee passiven Einkommens fasziniert, möchten dieses aber gerne auch möglichst passiv erreichen – und exakt dies funktioniert nicht, denn wie wir gelernt haben steht am Anfang immer ein Investment.

Es geht also um einen starken Willen und Disziplin, die nötig sind, das selbstgesteckte Ziel zu erreichen, sowie einen langen Atem, um es entsprechend lang zu verfolgen.

Zum Abschluss möchte ich aus meiner eigenen Erfahrung berichten: Ich habe mit dem Ziel begonnen, langfristig mindestens 50% meines Einkommens durch passives Einkommen substituieren zu können. Ich hatte keinerlei Investments mit Ausnahme meines Studiums getätigt und hatte auch kein Kapital zur Verfügung. Ich startete also quasi bei null.

Ich habe damit begonnen, dass ich monatlich einen fixen Betrag meines Einkommens gespart und in Aktien und ETFs investiert habe und dies seitdem fortgeführt. Immer, wenn sich die Möglichkeit ergeben hat, habe ich versucht diesen Betrag zu erhöhen, damit ich nicht unbewusst das Opfer von „Life-Style-Inflation"[141] werde.

Darüber hinaus habe ich mich an weiteren Investmentmöglichkeiten, wie zum Beispiel Weiterbildung, das Schreiben dieses Buches, Unternehmensgründung und Direktbeteiligungen versucht, die ich primär über ein zeitliches Investment „erwerben" konnte.

Alle Erträge, die sich aus diesen verschiedenen Investments generieren, versuche ich zu reinvestieren, um so den Zinseszins-Effekt maximal auszunutzen[142].

Während ich noch von meinem Ziel entfernt bin, 50% meines Einkommens aus passiven Quellen finanzieren zu können, so kann ich schon nach einer verhältnismäßig kurzen Zeit sagen, dass ich den Effekt bemerke – und dieser mich sehr optimistisch für die Zukunft stimmt.

---

[141] Die Erhöhung der monatlichen Ausgaben mit der Erhöhung des zur Verfügung stehenden Einkommens.
[142] Natürlich gebe ich auch Geld für Unterhaltung etc. aus, ich versuche dies aber diszipliniert zu tun.

Ich möchte Sie also erneut ermutigen:

Definieren Sie Ihre Ziele. Überlegen Sie sich Ihre Strategie. Überprüfen Sie Ihre Strategie im Kontext Ihrer Persönlichkeit. Fangen Sie an. Lernen Sie dazu. Bleiben Sie diszipliniert. Erfreuen Sie sich an den Resultaten.

Vielen Dank für das Lesen und viel Erfolg bei Ihrem eigenen Weg zu passivem Einkommen.

MIX
Papier aus verantwortungsvollen Quellen
Paper from responsible sources
FSC® C105338